3초간

THE LAW OF THE GARBAGE TRUCK: How to Respond to People Who
Dump on You, and How to Stop Dumping on Others by David J. Pollay

Copyright ⓒ 2010 by David J. Pollay
All rights reserved.
This Korean edition was published by Sigongsa Co., Ltd. in 2011 by arrangement with Sterling
Publishing Co., Inc. through KCC(Korea Copyright Center Inc.), Seoul.
이 책은 (주)한국저작권센터(KCC)를 통한 저작권자와의 독점계약으로 시공사(주)에서 출간되었습니다.
저작권법에 의해 한국 내에서 보호를 받는 저작물이므로 무단전재와 복제를 금합니다.

The Law of the Garbage Truck

3초간

데이비드 폴레이 지음 | 신예경 옮김

알키

단 한 번의 결정으로
인생을 송두리째 행복하게 바꿀 수 있다면 어떨까?
누구에게나 가능한 일이다.
이 책이 그 방법을 알려줄 것이다.

이 책에 쏟아진 끝없는 찬사

영리하고 재미있고 유용한 책이다.

그레첸 루빈 | 《무조건 행복할 것》 저자

데이비드 폴레이의 설득력 있는 충고를 따르라. 그러면 행복해지는 긍정적인 습관이 생길 것이다.

에드 디너 | 일리노이대학 심리학과 교수, 《모나리자 미소의 법칙》 저자

정말로 재미있는 책이다. 이 책을 읽다 보니 돌이키지 못할 지난 일은 잊고, 스스로 무한한 미래를 창조하는 데 몰두하게 된다.

브라이언 트레이시 | 자기계발 전문가, 《백만불짜리 습관》 저자

이 책은 당신이 세상과 소통하는 방식을 당장 심오하게 바꾸어줄 것이다. 꼭 읽어보기 바란다.

키이스 페라지 | 《혼자 밥먹지 마라》 저자

웰빙학을 단순하고 기억하기 좋은 공식으로 만들어, 진실하고 행복한 삶을 살아갈 수 있도록 도와준다.

소냐 류보머스키 | 캘리포니아주립대학 심리학과 교수, 《하우투비해피》 저자

행복과 웰빙에 관한 최고의 연구성과를 바탕으로 한 이 책은 당신의 생활과 일, 인간관계를 풍요롭게 만들어줄 것이다.

레이먼드 파울러 | 전 미국 심리학회 회장

이 책의 메시지는 오랫동안 당신의 가슴에 남을 것이다.

톰 래스 | 《웰빙 파인더》 저자

우리의 생활과 인간관계를 개선하는 데 필요한 최적의 솔루션과 실용적인 충고를 동시에 던져준다.

제임스 파벨스키 | 펜실베이니아대학 긍정심리학센터 교육부장

데이비드 폴레이의 3초 법칙이 48개 언어로 번역되어 100여 개 이상의 국가 사람들에게 받아들여진 이유는 단순하다. 효과가 있으니까! 이제 당신 삶을 개선할 차례다.

닉 모건 | 르하이대학 교수, 《파워 오브 스피치》 저자

데이비드 폴레이는 모든 이의 가슴에 이런 질문을 던진다. "자신의 행복을 꾸려가기에도 벅찬 마당에 부정적인 사람들이 나타나면 어떻게 상대하겠는가?" 이 책은 내가 들어본 최고의 대답을 들려준다.

바바라 프레드릭슨 | 노스캐롤라이나대학 심리학과 교수

이 책은 우리 인생에 부정적인 감정이 끼어들지 못하도록 막는 방법을 알려주어, 내면의 평화와 행복이 깃들게 만들어준다. 심오하면서도 실용적인 책이다.

제리 잼폴스키 | 국제 태도치료센터 설립자

야후에서 근무할 때 데이비드는 긍정적인 태도와 탁월한 비즈니스실적을 자랑하는 직원이었다. 정직하고 편견 없는 메시지로 가득한 이 책을 통해 독자들도 데이비드와 같은 사람이 되는 방법을 배울 수 있을 것이다.

팀 샌더스 | 전 야후 수석이사

우리가 목표에서 벗어나지 않고, 무엇보다 행복해질 수 있도록 동기를 부여해주는 책이다.

니도 쿠베인 | 《세일즈 프로의 길》 저자

근래에 읽은 최고의 책 중 한 권이다. 이 책을 읽고 나면 당신도 아끼는 사람들에게 추천하고 싶을 것이다.

야코브 스미노프 | 코미디언, 미주리주립대학교 교수

위대한 운동선수를 목표로 노력하는 중이라면 이 책을 꼼꼼히 읽어보기 바란다. 위대한 코치인 데이비드 폴레이가 인생과 스포츠에서 성공을 거둘 효과적인 작전계획을 알려줄 것이다.

제프 코닌 | 메이저리그 올스타, 월드시리즈 2회 우승자

세상과 교류하는 방법은 선택하기 나름이다. 남에게 상처를 받은 후 상처를 돌려주면서 살 수도 있고, 반대로 인생을 즐길 수도 있다. 결정은 우리의 몫이지만 그 결정을 실현할 방법은 데이비드 폴레이가 제시해준다.

데이비드 미어먼 스콧 | 마케팅전문가

내가 아는 모든 사람에게 이 책을 읽어보라고 말할 것이다. 우리에게 꼭 필요한 것, 즉 우리가 가정, 직장, 세상에서 맺은 관계를 혁신시킬 공통의 언어를 선사하는 책이다.

스콧 돌스 | 트럭스닷컴 최고경영자

오늘을 사는 비즈니스 리더가 꼭 읽어야 할 필독서. 나는 이미 주변의 동료와 부서직원들에게 이 책을 나눠주었다.

프랭크 수이 | 딜로이트컨설팅 LLP 파트너

이 책은 자기계발 분야의 고전이 될만한 필수요소를 두루 갖추고 있다.

캐롤라인 아담스 밀러 | 《최고의 인생을 창조하라》 저자

직장인이든 학생이든 예비졸업생이든 간에 이 책은 당신의 인생을 영원히 변화시킬 것이다.

알베르토 카셀라스 | GE캐피털 부사장

데이비드는 불친절이 판치는 세상에서 악전고투하는 사람들의 심정을 깊이 공감한다. 이 책에서 제시하는 단순한 원칙대로 살기만 한다면 누구나 평화를 얻을 것이다.

미셸 트리키 | 미국 AIESEC 회장이자 최고경영자

들어가는 글

내가 이 책을 쓴 목적은 그야말로 원대하다.

우선 여러분이 집안에서나 직장에서나 쓸데없는 마음고생을 하지 않았으면 한다. 살면서 노력만으로 해결할 수 없는 일들이 얼마나 많던가? 그중 대표적인 것이 바로 남이 나에게 쏟아내는 무심하고, 짜증나고, 분노 섞인 말 한마디가 아닐까 싶다. 나는 여러분에게 이러한 말들을 씨익 웃어넘기며 깔끔하게 무시해버리는 방법을 말해주고 싶다. 그리하여 누구나 편하고 즐거운 마음으로 자신에게 소중한 일에 집중할 수 있게 되길 바란다.

소통만이 희망이다

행복하게 살기 위해 태어난 세상이 분명할 텐데, 우리가 살면서 겪는 슬프고 불쾌한 감정은 한두 가지가 아니다. 도대체 저 사람은 나에게 왜 그런 심한 말을 하는지, 내가 뭘 그리 잘못했다고 저렇게 화를 내는지, 이성적으로 풀면 될 이야기를 왜 감정적으로 하는 것인지, 도무지 이해할 수 없을 때가 많다. 반대로 직장에서 상사에게 받은 스트레스를 집에 와 부모님이나 배우자, 자녀에게 쏟고 나서는 곧바로 자괴감에 빠지는 사람도 있을 것이다.

나는 바로 이런 사람들, 다시 말해 세상 모든 사람을 위해 이 책을 썼다. 그렇다. 감정조절이 안 되는 타인 때문에 상처와 스트레스를 받거나, 스스로 감정조절이 안 되어 타인에게 괴로움을 주는 일은 우리 모두가 한 번쯤 겪어봤던 것들이다.

나는 세상사람 전부와 소통하고 싶다. 세상 모든 이들에게 이 책을 전하고 싶다. 책을 읽은 여러분이 가정이나 직장에서의 소통방식을 변화시키길 희망한다. 그리하여 우리가 훨씬 생산적이고 인정이 넘치며 평화로운 세상을 만들어가기를 원한다.

우리는 타인의 실망, 걱정, 절망을 고스란히 받아들일 필요가 없다. 남의 부정적인 에너지를 짊어지기 위해 혹은 남에게 우리의 부정적인 에너지를 짐 지우기 위해 태어난 인생이 아니지 않은가? 사람에게는 누구나 인생의 목적을 발견하고 꿈을 꾸면서 자신에게 가장 중요한 것을 추구해나갈 권리가 있다. 집안에서든 직장에서든 정말로 자신에게 소중한 것이 무엇인지 깨닫고 이에 집중해야만 행복도, 성공도 나를 따라올 것이다. 이 책은 우리가 이러한 최선의 삶을 살아갈 수 있도록 토대를 마련해줄 것이다.

유년시절의 기억을 떠올려보라. 우리들 대부분에게 유년은 순수한 시절이었다. 즐거운 시간을 보내며 친구들도 사귀었을 테고, 사랑받으며 행복한 나날을 보냈으리라. 하지만 그토록 즐거운 시간은 금방 끝나버렸을 것이다.

여러분을 험담하거나 괴롭히던, 색안경을 쓰고 비난했던 친구들을 떠올려보자. 그 친구들이 다가와 어떤 친구가 여러분에게 화가 났다거나 누군가가 여러분을 더 이상 좋아하지 않는다고 말했던 적이 있지는 않은가? 그때 여러분은 아무리 이유를 물어도 그럴듯한 대답을 듣지 못했을 것이다. 마치 내 힘으로는 도저히 상황을 개선할 여지가 없는 듯 보였을 것이다. 힘은 여러분이 아닌 그 친구들의 수중에 있었을 테니까.

나이가 들어가면서 여러분은 쉽게 상처를 주고 화를 돋우는 사람이 점점 적어지기를 소망했을 것이다. 그런데 막상 살아보면 현실은 그렇지 않았다. 오히려 우리 인생에 부정적인 영향을 미치는 사람들이 더 많이 등장하곤 한다.

매일 마주치는 동료, 상사, 고객, 판매원, 서비스센터 직원 등으로 인해 우리의 인생은 궤도를 벗어나기도 한다. 그들의 사소한 행동 때문에 유쾌한 하루가 불쾌하게 돌변할 때도 있다. 일상의 많은 날들을 그런대로 행복하게 보내는 사람들조차 느닷없이 뛰어드는 누군가로 인해 행복을 방해받고 좌절하는 일이 허다하다. 타인의 부정적인 말과 행동에 온통 신경을 쓰다 보면 결국 나쁜 생각과 감정이 뱅뱅 맴돌게 된다. 어째서 나의 행복과 성공이 다른 사람들의 변덕스러운 기분과 행동에 쉽게 영향을 받아야만 하나?

3초 법칙, 인생을 위한 나침반

세상을 살다 보면 우리는 다른 사람에게 영향을 주기도 하고, 반대로 영향을 받기도 한다. 다른 사람의 삶이 긍정적으로 보인다면, 그의 행동을 지켜보고 연구하고 모방하는 편이 현명하다. 하지만 그 반대라면 결단을 내려야 한다. 과연 이것을 받아들일 것인가 아니면 다른 대답을 선택할 것인가. 다행히 우리에게는 선택의 여지가 있다. 우리는 다른 사람의 부당한 태도나 행동을 순순히 받아들일 필요가 없다. 더 위대한 운명을 가지고 이 세상에 태어났기 때문이다.

나의 운명은 세상을 더욱 행복하고 성공적이며 예의바른 곳으로 만드는 일이라 믿는다. 그러기 위해서는 우선 스스로부터 되돌아 보아야 할 것이다. 남의 행실을 규정하기 전에 자신부터 달라져야 한다. 누구의 행동이 옳은지 토론하느라 시간을 허비해선 안 된다. 토론이야 나중에도 얼마든지 할 수 있으니까. 일단 행동을 취하고 당장 할 수 있는 일부터 시작해야 한다.

나는 아주 기본적인 목표를 정해두었다. 종교, 인종, 국적, 문화,

경제력, 학력에 관계없이 누구나 받아들일 만한 심오한 인생철학과 전략을 사람들에게 전파하는 것이다. 나아가 사람들이 마음먹은 것을 행동에 옮기도록 돕기로 했다. 여기서 말하는 마음먹은 것이란 다른 사람의 말로 인해 상처받는 일이 없도록 내가 만든 지침을 따르고 지키겠다는 다짐을 말한다.

이 책은 백과사전이 아니다. 그러므로 여러분이 언젠가 만날지도 모를 온갖 어려운 상황에 대비한 맞춤답안을 제시하지는 않는다. 대신 평생 동안 활용할 수 있는 인생지침인 '3초 법칙'을 알려줄 것이다. 그 지침을, 인생을 살아가는 데 필요한 유일한 지침이 아니라 삶의 방향을 일러주는 하나의 나침반으로 인식하고 활용한다면 대단히 유용할 것이라 장담한다.

이 책을 앞에서부터 차근차근 읽어가기 바란다. 바로 다음에 이어질 '마음 근육 테스트'는 여러분이 부정적인 감정을 관리하는 데 얼마나 미숙한 상태인지를 알아보는 테스트이다. 이 테스트를 읽으며 자신의 상태를 파악한 후, 이어지는 '감정 지키기 실천계명'을 통해 이 책에서 여러분이 취할 수 있는 여러 가지 압축된 메시지를 먼저 확인할 수 있을 것이다.

그 다음 본문에서는 구체적으로 3초 법칙이 무엇을 의미하는지 그리고 문제적 상황에서 감정관리를 어떻게 해나가야 할지 구체적으로 살펴볼 수 있다. 나는 여러분이 이 책을 보면서 어떤 의문점이 생길지를 생각해가며 그에 대한 답변을 쓴다는 기분으로 써나갔다.

그래서 각 꼭지 마지막마다 '감정 지키기 연습'을 넣어 여러분이 일상생활에서 감정관리를 어떻게 해나가야 하는지 그리고 3초 법칙을 어떤 식으로 활용할 수 있을지 덧붙였다.

이 책을 읽다 보면 여러 가지 질문이 떠오를지도 모른다. 내가 제시하는 지침에 어떠한 한계가 있지나 않을지 궁금할 수도 있다.

이렇듯 머릿속에 떠오르는 질문을 차례로 적어보면서 책을 손에서 놓지 마라. 어떻게든 끝까지 읽어보라. 그러다 보면 이 책이 마치 새로 집을 짓기 위한 설계도의 모습으로 눈앞에 펼쳐질 것이다.

이 책을 통해 여러분이 행복에 한 걸음 더 다가가기를 진심으로 기원한다.

데이비드 폴레이

마음 근육 테스트

강연을 통해 처음으로 상처받지 않기 위한 지침에 대해 말하기 시작했을 때, 나는 대부분의 사람들이 스스로 얼마나 많이 타인의 부정적인 감정을 받아들이는지 알아차리지 못한다는 사실을 알게 되었다. 그들 대부분에게는 타인의 감정공격을 가볍게 튕겨버리는 단단한 마음 근육이 없었다. 그래서 사람들이 문제의 심각성을 진단할 수 있도록 몇 가지 질문을 만들어냈다.

- 난폭한 운전자 때문에 화가 나는가?
- 무례한 웨이터 때문에 밥맛이 떨어지는가?
- 까다로운 상사 때문에 하루를 망치는가?

이러한 질문을 받으면서 사람들은 그간 자신이 얼마나 많은 부정적인 감정을 받아들여 왔는지 알아차리기 시작했다. 그들은 이후 이를 받아들이는 일을 줄이고 더 행복해지기 위한 기회를 찾아 나갔다. 다음 단계로는 몇 가지 다른 질문을 던짐으로써 그들이 남에게 퍼뜨릴지도 모르는 부정적인 감정을 인식하게 만들었다.

- 직장에서 힘든 하루를 보내면 그 기분이 집에서도 이어지는가?
- 집에서 문제가 생기면 그 일이 직장에서도 이어지는가?
- 남에게 공격을 받으면 아무리 사소한 일이더라도 반드시 앙갚음을 하는가?

세 가지 질문을 살펴보면서 사람들은 언제나 내가 아닌 남이 부정적인 감정을 쏟아붓는 것은 아님을 깨닫곤 한다. 부주의해지는 순간 화를 내고 짜증을 부리고 불평을 늘어놓는 자신을 발견하게 되는 것이다.

다음 페이지에는 본격적으로 자신의 마음 근육 지수를 테스트하기 위한 질문들을 수록해두었다. 차근차근 답변해가면서 본론에 들어가기 전, 자신의 마음 근육 상태부터 체크해보자.

당신은 타인의 분노, 화, 짜증에 얼마나 휘둘리는가?

우선 여러분이 얼마나 많은 타인의 감정공격에 무자비하게 당하고 있는지 알아보자.

> 4 = 늘 그렇다 3 = 대체로 그렇다 2 = 가끔 그렇다
> 1 = 거의 그렇지 않다 0 = 전혀 그렇지 않다

_____ 거리에서 사람들과 부딪히거나, 만원 지하철에서 뒷사람의 가방이 날 짓누르거나, 식당 의자를 누가 건드리면 신경질이 난다.

_____ 사무실에서나 지하철에서 큰 소리로 떠드는 사람이 있으면 정말 괴로울 때가 있다.

_____ 인사를 했는데 반응 없이 지나치는 사람을 보면 날 싫어하나 생각하게 된다.

_____ 프로젝트가 지연될 때마다 우리 조직은 왜 이리 답답할까 싶어 숨이 턱턱 막힌다.

_____ 강력하게 의사를 주장하는 사람이 정말 싫다.

_____ 후루룩 커피를 마시거나 손톱을 뜯는 사람, 볼펜을 딸깍거리는 사람만 보면 신경이 거슬려서 참을 수가 없다.

_____ 내 성과물에 대해 비판적인 피드백이 들어오면 화가 나거나 자신감이 흔들린다.

_____ 함께 일하는 파트너와 문제가 생기면 영영 그 파트너와 보고 싶지 않다고 생각한다.

_____ 스팸메일, 스팸메시지만 보면 짜증이 난다.

_____ 날 칭찬하는 얘기보다 비판하는 얘기가 더 오래 남고 신경이 쓰인다.

_____ 난폭하게 운전하는 사람들을 볼 때마다 아침부터 기분 나쁠 때가 많다.

_____ 무례한 종업원 때문에 입맛이 떨어진다.

_____ 고객서비스센터 직원이 불친절하게 굴면 즉시 화가 치민다.

_____ 텔레마케터가 전화로 물건을 강매하려 할 때마다 짜증이 솟구친다.

_____ 사람들이 나를 어떻게 생각하는지 걱정된다.

_____ 내 고생을 알아주기는커녕 이해심조차 없는 상사, 동료들 때문에 실망스럽고 혼란스럽다.

_____ 엘리베이터 탈 때 기다려주지 않고 문을 닫아버리는 사람들이 너무 얄미워 미칠 지경이다.

_____ 동료들끼리 남을 험담하는 자리가 몹시 싫지만 어쩔 수 없이 말려들곤 한다.

_____ 과거에 벌어진 나쁜 사건이 한번 생각나면 마음속에서 몇 번이고 반복해서 떠오른다.

_____ 내 일에 지나치게 관심을 갖고 줄기차게 충고하는 어머니, 아버지, 남편, 아내 때문에 신경이 곤두선다.

_____ 주차장이나 식당에서 같은 자리를 놓고 눈치싸움 하는 사람들 때문에 머리끝까지 화가 난다.

_____ 누군가가 다른 사람이나 사물 등을 나쁘게 얘기하면 다른 고민 없이 그런가 보다 생각한다.

_____ 친구가 농담을 하거나 장난을 걸어오면 반사적으로 짜증스럽게 반응한다.

_____ 미래를 상상할 때마다 최악의 시나리오에 집착한다.

_____ 불평을 늘어놓는 사람 때문에 우울하다.

_____ 줄 서서 기다릴 때마다 온몸에 기운이 빠진다.

● 76~100점 _ 당신은 타인의 감정공격에 무방비로 당하고 있다

　당신은 내성적인가 외향적인가와 관계없이 매우 섬세하고 예민한 사람이다. 게다가 마음 근육량마저 제로에 가깝다. 따라서 거의 매일 남의 말에 신경 쓰느라 자신의 의지와 관계없이 일도 제대로 하지 못할 정도다. 스트레스가 말도 못할 만큼 심한 나머지 다른 사람, 특히 가족이나 직장의 부하직원에게 상처 주는 말을 던지며 그 스트레스를 풀고 있을지도 모른다. 심한 경우 우울증에 시달리고 있을 가능성이 높다. 주변의 지인들에게 자신의 상태가 어떤지 확인해보고 전문적인 치료를 받거나, 마음의 평화를 찾아줄 요가나 명상을 해보는 것도 좋다.

● 51~75점 _ 당신은 타인의 감정공격 때문에 심신이 무척 지친 상태이다

　대부분의 사람은 이쪽에 속할 것이다. 특별히 예민한 성격은 아니지만 남의 얘기에 잘 상처받고 마음 깊이 새겨두는 타입이다. 결국 당신을 마음대로 지배하는 타인이 너무 많다 보니 중요한 일에 집중하지 못하고 주의가 분산되는 경우가 잦다. 한번 기분 나쁜 일을 당하면 그 일을 생각하느라 업무나 연애, 생활의 디테일을 놓치기 십상이다. 다행히 3초 법칙을 체화하여 감정을 기술적으로 조정하게 된다면 빠른 시일 내에 마음이 치유될 수 있다. 이 책을 처음부터 끝까지 반복해 읽으며 실생활에서 3초 법칙을 완벽히 실행해보자.

● 26~50점 _ 당신은 타인의 감정공격을 그런대로 잘 막아내고 있다

완벽하지는 않지만 당신은 그런대로 선방하고 있다. 타인이 감정 섞인 말을 던지면 반은 걸러내고 반은 받아들인 후 왜 그런지 의아해하는 타입이다. 자기주장이 은근히 강해서 본인의 생각과 다른 생각을 가진 사람을 그냥 무시해버리는 것일 수도 있고, 이해력이 부족해서 남의 말을 잘 알아듣지 못하는 부류일 수도 있다. 지금이라도 3초 법칙을 배워 타인과 소통을 잘하기 위한 기본 토대를 마련하는 것이 좋다.

● 0~25점 _ 당신은 타인의 감정공격으로부터 자유로운 사람이다

축하한다! 당신은 타인의 부정적인 감정을 쿨하게 무시해버릴 뿐만 아니라 스스로도 나쁜 기운을 많이 만들어내지 않고 있다. 타고난 긍정주의자이거나 피나는 노력으로 마음 근육을 단단하게 만든 사람이 틀림없다. 앞으로도 자신에게 가장 중요한 일에 마음껏 몰두하며 진심으로 관심 가는 대상에 주의를 집중하길 바란다.

이 테스트의 핵심은 당신이 통제하지 못하는 부정적인 감정을 무시하고 인생에서 중요한 대상에 얼마나 집중할 수 있는가이다. 그럴 수만 있다면 당신에게 불필요한 참견을 하는 방해꾼들로부터 더 많이 자유로워질 수 있을 것이고, 그럴수록 더 많이 행복해질 것이며, 성공에 가까워질 것이다.

당신은 타인에게 분노, 화, 짜증을 얼마나 쏟아내는가?

다음으로 깊이 있는 자기반성을 시작해보자. 당신은 남에게 감정공격을 퍼붓고 있진 않은가?

> 4 = 늘 그렇다　　　3 = 대체로 그렇다　　　2 = 가끔 그렇다
> 1 = 거의 그렇지 않다　　0 = 전혀 그렇지 않다

_____ "어떻게 지내?"라는 질문을 받으면 기다렸다는 듯이 불평부터 늘어놓는다.

_____ 실수를 저지른 후 나도 모르게 변명을 하는 자신을 발견하곤 깜짝 놀랄 때가 있다.

_____ 직장에서 힘든 하루를 보내면 그 기분이 집에서도 이어진다.

_____ 미숙하게 운전하는 사람을 보면 짜증이 난다.

_____ "김 대리, 아까 잠깐 자리 비운 것 같아서 전달 못했는데…" 같은 평범한 얘기를 들으면 마치 나를 질책하는 것 같아 배탈이 나서 화장실을 갔었다느니, 잠깐 일 관계로 친구가 찾아왔다느니 하며 쓸데없이 방어적으로 대답한다.

_____ 가끔씩 화가 나면 사람들에게 소리를 지르며 이야기할 때가 있다.

_____ 상대를 잘했다고 칭찬하거나 능력 있는 사람이라고 인정하기보다, 못했다고 비판하거나 무능력하다고 한숨 쉬는 일이 더 많다.

_____ "왜 이렇게 성격이 급해?"라는 말을 자주 듣는다.

_____ 아무리 사소한 것이라도 기분 나쁜 말을 들으면 반드시 되갚아 준다.

_____ 누구에게 안 좋은 일이 생겼다고 하면 그 이야기가 너무 궁금해

_____ 서 꼬치꼬치 캐묻지 않을 수가 없다.

_____ 누구에게 좋은 일이 생겼다고 하면 큰 관심이 생기지 않는다.

_____ "넌 좀 이런 타입이지" "박 과장이 이럴 사람이 아닌데" 하는 식으로 자기가 단정 지은 대로 사람들을 평가한다.

_____ 내가 겪었던 가장 불행한 사건을 틈날 때마다 주변에 계속해서 이야기한다.

_____ 종로에서 뺨 맞고 한강에서 눈 흘기는 식으로 어떤 사람과 문제가 생기면 다른 사람에게 화풀이를 하곤 한다.

_____ 직장에서 내가 사고를 치고 나면 동료들이 곤욕을 치른다.

_____ 내가 늦으면 사람들이 당연히 기다려줘야 한다고 생각한다.

_____ "미안해"란 말을 꺼내기가 너무 어렵다.

_____ 인터넷에 (가끔은 익명으로) 비열한 글을 올린다.

_____ 시간에 쫓길 때면 곡예운전을 하거나 운전자가 그렇게 하도록 부추긴다.

_____ "그 나라 애들은 너무 이기적이야" "저 종교 믿는 인간들은 왜 다 저래?"라는 식으로 인종, 신념, 국적, 문화가 다른 사람들을 한꺼번에 비난하곤 한다.

_____ 똑같은 실수를 반복하더라도 계속 용서받기를 기대한다.

_____ 남의 일이라면 좋은 소식보다는 나쁜 소식을 훨씬 자주 퍼뜨린다.

_____ 자신과 다른 사람에 관한 부정적인 이야기를 너무 반복하는 바람에 주변사람들이 지친 것 같다.

_____ 빈정거리는 말을 자주 한다.

_____ 누군가에게 실망했을 때 직접 피드백을 들려주기보다는 다른 사람에게 답답하다며 먼저 털어놓는다.

마음 근육 테스트

● 76~100점 _ 당신은 타인에게 무자비한 감정공격을 퍼붓고 있다

어쩌다 당신이 이렇게 되었을까. 당신은 타인의 감정을 전혀 배려하지 않은 채 늘 좌절, 실망, 분노를 가슴에 품고 이를 무신경하게 주변에 집어던지고 있다. 무엇이 당신을 이렇게 만들었는지 근본적으로 따져볼 필요가 있다. 다른 사람들은 이런 당신이 불편하거나 심지어 두려울지도 모른다. 그래서 당신을 피하거나 무시하려고 할 것이다. 이 책을 꼼꼼히 읽으며 대화할 때마다 늘 3초 법칙을 떠올려라. 얼마 지나지 않아 놀랍도록 좋아진 인간관계를 확인할 수 있을 것이다.

● 51~75점 _ 당신은 타인의 감정을 은근히 건드리고 있다

많은 사람이 이 점수대에 포진되어 있을 것이다. 그만큼 스트레스가 많은 세상이기도 하니까. 당신은 직장에서나 가정에서나 친구들 사이에서나 '폭탄' 급은 아니지만 무슨 일을 함께 도모하기 좀 편치 않은 사람일 수 있다. 또는 겉으론 무척 젠틀해 보이지만 알고 보면 말끝마다 비수를 달고 있어 은근히 상대에게 상처를 주는 악랄한 타입일 수 있다. 스스로가 자기 자신을 잘 안다고 생각하는데, 본인이 그렇게 나쁜 사람은 아니라고 믿고 있어서 문제다. 무엇보다 자기 자신에 대해 제대로 파악할 필요가 있다. 빈정거리는 것은 쿨한 것과 거리가 멀다는 사실을 기억하라.

● **26~50점 _ 당신은 타인의 감정에 신경 쓰는 사람이다**

　나를 어떻게 생각할까 두려워서든 상대가 내 말에 상처받지 않을까 걱정이 되어서든, 당신은 어느 정도 타인을 배려하는 편이다. 화가 날 때마다 차분하게 이야기하려 노력한다. 사람들과도 비교적 사이가 좋은 편이다. 하지만 이렇게 참고 참은 감정을 편한 상대에게 간혹 한꺼번에 터뜨릴 때가 있다. 3초 법칙을 배워서 감정을 표현해야 할 때와 참아야 할 때를 구분하는 연습을 할 필요가 있다.

● **0~25점 _ 당신은 인간관계를 잘 가꿔가고 있다**

　축하한다. 당신은 감정공격을 퍼붓지 않는 사람이다. 밝고 긍정적이며 따뜻한 당신을 좋아하는 사람이 많은 것은 당연한 사실이다. 당신은 화를 내지 않고도 얼마든지 일을 해결할 수 있으며, 짜증을 부리는 것이 누구에게도 도움 되지 않는다는 사실을 잘 안다. 스스로의 인생에서 무엇이 중요한지를 정확히 알고 그것에 집중할 뿐만 아니라 다른 사람도 그렇게 하도록 돕고 있다.

　감정공격을 퍼붓는 횟수를 줄인다는 것은 곧 타인이 자신의 인생에 더 집중하도록 돕는다는 것을 뜻한다. 이제 폭군처럼 굴면서 다른 사람에게 괴로움을 주던 과거로부터 벗어날 때가 되었다. 나아가 나쁜 감정을 전염시키는 대신 상대에게 얼마만큼의 기쁨을 안겨줄 수 있을지 확인할 때이다.

감정 지키기 실천계명

1. **부정적인 감정을 쏟아내는 감정폭군들을 무조건 무시하라**

   들어서 좋을 것 없는 상대의 이야기, 신경 써봤자 머리만 아픈 상대의 행동은 그냥 잊어버려라. 우리에게는 중요한 일에 집중할 시간도 부족하다.

2. **내 안의 부정적인 감정들을 지워버려라**

   과거의 나쁜 기억, 나쁜 상황으로 인해 생겨난 좌절감, 미래에 대한 불안 등은 자연스러운 감정이지만 스스로에게 한계를 만들어버리는 나쁜 감정이다. 이것을 말끔히 지워버리자.

3. **남에게 감정폭군이 되지 말자**

   어떤 이유에서든 남에게 앙심을 품거나 불평을 너무 많이 늘어놓거나 짜증을 내는 짓은 하지 말자. 남에게 나쁜 감정을 쏟아낼수록 나에게도 그만큼의 괴로움이 쏟아진다.

4. **감정조절이 안 되는 타인이 있으면 가능한 도와라**

   여러 사람을 괴롭히는 감정폭군들에게도 장점이 있다. 이것을 인정하고 칭찬하면서 효과적으로 대화할 수 있는 시간을 노려라.

5. **감사의 순환 속에서 살아가라**

   감정은 전염되게 마련이다. 부정적인 감정이 내 주변을 휘감는 일이 없도록 나부터 나서서 감사에너지가 순환하도록 만들어라.

CONTENTS

이 책에 쏟아진 끝없는 찬사 ... 6
들어가는 글 ... 10
마음 근육 테스트 ... 16
감정 지키기 실천계명 ... 26

 1장 화내고 짜증 부리고 괴롭히는 사람들을
웃으며 무시하는 법

1. 긍정적인 변화의 시작 ... 33
내 인생을 송두리째 바꾼 한 마디 | 분노와 짜증으로 가득 찬 폭군이 되다 | 감정 지키기 맹세를 시작하다 | 더 큰 행복을 안겨준 3초 법칙의 탄생

2. "다혈실 팀장 때문에 미치겠어요" – 무시하되, 똑똑하게 무시하라 ... 46
모욕 주는 팀장, 짜증 나게 구는 동료 | 그냥 못 들은 척 넘어가라고? | 작은 스트레스가 더 위험하다 | 그건 내 잘못이 아니야

3. "나쁜 사람은 아닌데 무능하니까 답답하네요" – 때때로 파트너를 바꿔라 ... 58
웃는 얼굴에도 때로 침을 뱉고 싶다 | 선량함이 면죄부는 될 수 없다 | 포기하지 말고 지혜의 마법을 부려라

4. "여자상사의 기분을 어떻게 맞춰야 할까요" – 일부러라도 더 깍듯하게 하라 ... 68
한 번의 거절이 큰 화를 불러오다 | 여자상사와의 관계가 어려운 이유 | 정면돌파는 위험하다 열쇠는 '인정–칭찬–감사'

5. "일부러 제 신경을 박박 긁는 것 같아요" – 전략적 인정으로 응수하라 ... 79
전략적 감정공격에 휘말리다 | 전략적 인정으로 응수하라

6. "너무 무기력한 사람이라 저까지 힘이 빠집니다" – 교묘하게 자존심을 건드려라 ... 87
자기 생각이 없는 선배와 일한다는 것 | 무기력한 사람은 따지지 말고 일단 피하라 | 칭찬하거나 책임을 지우거나 자존심을 건드리거나

7. "말 통하지 않는 그 사람 때문에 지쳤어요" – 대화는 타이밍의 문제다 ... 98
상대의 좋은 모습을 알아봐 주어라 | 기다림과 관찰이 기적을 만든다 | 돌멩이가 치즈처럼 말랑말랑해지는 순간 | 진심을 전달하는 기술

2장 무거운 마음을 가뿐히 들어올리려면

1. "나쁜 기억이 떠올라 너무 괴로워요" – 악몽과 정면에서 맞서는 법 ... 111
그 친구 생각이 나서 참을 수가 없어요 | 나쁜 기억은 좋은 기억보다 힘이 세다 | 기억을 만들어내는 건 결국 자기 자신 | 악몽에서 벗어나기 위하여

2. "일이 잘 안 풀릴까 봐 걱정입니다" – 가능한 시나리오를 모두 적어라 ... 120
내 생애 가장 끔찍했던 일주일 | 극단적인 생각을 떨치는 5단계 방법 | 어디까지 포기하고 어디까지 해결할 것인가

3. "여기에서 저는 철저히 혼자예요" – 내 꿈에 대한 지지자를 찾아라 ... 131
집단의 증오와 따돌림을 이겨낸 남자 | 하나, 둘 지지자가 나타나기 시작하고

4. "곧 해고될 것 같습니다" – 회복탄력성을 키워라 ... 138
최악의 상황에서 맡은 최악의 임무 | 행복한 사람은 해고당하지 않는다 | 100명이 만들어낸 작은 기적

5. "이 일을 극복하지 못할 것 같아요" – 유머의 힘을 믿어라 ... 148
가족에게 닥친 견딜 수 없는 시련 | 비난을 칭찬으로 바꾼 마법의 주문 | 고통과 공포와 절망의 연속… 그러나 | 유머는 긍정과 통한다

3장 상처 주지 않고 살아가기

1. **"내 공을 가로챈 상사에게 복수하고 싶어요"** – 간접적으로 분노를 표출하라 ... 163
   믿었던 상사가 뒤통수를 치다 | 어떻게든 복수하고야 말겠어 | 정작 분노는 다른 사람에게로 향하고

2. **"실수투성이인 사람을 이해할 수 없군요"** – 즉각적인 용서가 답이다 ... 174
   실수를 눈감아주지 못하는 사람 | 실수를 쿨하게 용서해주는 사람 | 잘못을 저지른 것은 사실이지만… | 즉각적인 용서가 나에게도 이롭다

3. **"그러면 그렇지, 소문은 틀린 적이 없어요"** – 누구에게도 딱지를 붙이지 마라 ... 185
   퇴짜에 퇴짜에 퇴짜를 맞다 | 무능력한 상사에서 평생의 스승으로 | 미끼는 물지도, 던지지도 마라 | 포용력, 미래 인재의 조건

4. **"어떻게 다들 이 정도로 비협조적일 수 있습니까?"** – 지혜롭게 도움을 요청하라 ... 197
   도움받고 싶은데 도움 주는 이가 없다 | 현명하게 지지를 이끌어내는 법 | 가치관을 공유한다는 것

5. **"누가 짜증을 내면 괜한 사람에게 화를 내게 돼요"** – 감사에너지를 순환시켜라 ... 207
   부정적 감정의 순환고리에 갇히다 | 감사의 순환이 시작되는 순간 | 어느 감정을 순환시킬지 결정은 당신의 몫

6. **"제가 너무 불평이 심하다네요"** – 투기 대신 배출을 하라 ... 217
   부정적인 감정을 배출하려면 허릭부터 구하라 | 감성투기는 불쾌감만 공유한다 | 스스로가 변화를 만들어내는 사람이라는 믿음 | 불평에 대처하는 다섯 가지 방법

4장 혼자서는 행복해질 수 없다

1. "가정에서도 행복하고 싶어요" – 다 함께 원칙을 만들어라 ... 233
   아버지가 언제 떠나실지 아무도 모르는 거란다 | 가족들끼리도 '감정 지키기 원칙'이 필요하다

2. "직장에서도 행복하고 싶어요" – 메시지를 전파하라 ... 242
   감정은 널리널리 전염된다 | 부정적인 에너자이저가 더 문제 | 더 나은 삶에 대한 기대를 품다 | 메시지를 전달하는 간단하고 효과적인 방법

마치는 글 ... 252
참고문헌 ... 260

CHAPTER 1

화내고 짜증 부리고 괴롭히는 사람들을 웃으며 무시하는 법

"대부분의 사람들은 마치 쓰레기차 같아요.
절망감, 분노, 짜증, 우울함 같은 쓰레기감정을 가득 담고 돌아다니거든요.
쓰레기가 쌓이면 자연히 그것을 쏟아버릴 장소를 물색하게 되지요.
아마 그대로 내버려두면 그들은 당신에게 쓰레기를 버릴 거예요.
그러니 누군가가 얼토당토않게 화를 내고 신경질을 부리더라도 너무 기분 나빠하지 마세요.
그냥 미소를 지은 채 손을 흔들어주고는 다른 일로 주의를 돌리세요.
제 말을 믿으세요.
틀림없이 전보다 더 행복해지실 겁니다"

긍정적인 변화의 시작 01

상대의 바보 같은 행동이나 폭언으로 인해 얼마나 자주 기분이 상하는가? 난폭한 운전자, 무례한 웨이터, 퉁명스러운 상사, 무신경한 팀원 때문에 하루를 망쳐버리는 건 아닌지? 로봇이 아닌 다음에야 누구나 스트레스를 받는다. 하지만 성공은 인생에서 가장 중요한 일에 얼마나 빨리 다시 집중하느냐에 달렸음을 잊지 말자.

내 인생을 송두리째 바꾼 한 마디

20년 전 나는 택시 뒷좌석에 앉아 한 가지 교훈을 배웠다. 당시 내가 탄 택시는 그랜드센트럴 기차역을 향하고 있었다. 택시가 오

3초 법칙의 핵심은 '성질 부리는 상대를 어떻게 처리해야 하나'
고민하면 안 된다는 것이다
즉 분석하지도, 심사숙고하지도, 토론하지도 곱씹지도 말고
그저 철저히 무시해야 한다.

른쪽 차선에서 한창 달리려는데, 주차구역에 서 있던 검정색 차가 갑자기 내가 탄 택시 앞으로 튀어나왔다. 택시기사가 브레이크를 힘껏 밟자, 차가 미끄러지면서 바퀴에서 끼이익 하는 굉음이 나더니 앞차 범퍼와 겨우 3센티미터도 안 되는 거리를 남겨놓고 간신히 멈춰 섰다.

어찌나 놀랐던지! 그런데 정말로 놀라운 광경은 그 다음에 펼쳐졌다.

"아니, 눈을 어디다 달고 다니는 거야?"

적반하장도 유분수지, 앞차의 운전자, 즉 방금 커다란 사고를 낼 뻔한 남자가 삿대질을 해가며 되려 우리에게 큰 소리로 욕을 퍼붓기 시작한 것이다. 심지어 그 남자는 가운뎃손가락을 들어올리기까지 했다.

하지만 그 순간 그야말로 내 넋을 완전히 빼놓은 더 놀라운 일이 벌어졌다. 택시기사가 상대 운전자를 향해 미소를 지으며 친절하게 손을 흔들어 보인 것이다.

"방금 왜 그러신 겁니까? 저 사람이 우리를 죽일 뻔했잖아요!"

흥분한 내가 따져 물었다. 그러자 택시기사는 부드러운 목소리로 다음과 같이 말해주었다.

"대부분의 사람들은 마치 쓰레기차 같아요. 절망감, 분노, 짜증, 우울함 같은 쓰레기감정을 가득 담고 돌아다니거든요. 쓰레기가 쌓이면 자연히 그것을 쏟아버릴 장소를 물색하게 되지요. 아마 그대로 내버려두면 그들은 당신에게 쓰레기를 버릴 거예요. 그러니 누군가가 얼토당토않게 화를 내고 신경질을 부리더라도 너무 기분 나빠하지 마세요. 그냥 미소를 지은 채 손을 흔들어주고는 다른 일로 주의를 돌리세요. 제 말을 믿으세요. 틀림없이 전보다 더 행복해지실 겁니다."

아……! 그 말은 내 인생을 송두리째 바꿔버리고 말았다. 나는 곰곰이 생각하기 시작했다.

'그래, 그동안 다른 사람들이 내게 화를 내고 짜증을 부릴 때마다 난 견딜 수 없이 스트레스를 받았어. 때로 마음에 깊은 상처를 입은 적도 있었지. 그러고 보면 내 가시 돋친 말 때문에 상처 받았던 사람들도 적지 않았을 거야.'

여기에까지 생각이 이르자 곧 결론을 내릴 수 있었다.

"좋아. 남의 말에 상처받을 필요 없지. 나 역시 남에게 상처 주는 짓을 저지르지 않을 거야!"

분노와 짜증으로 가득 찬 폭군이 되다

이제 내 눈에는 어떤 사람이 나에게 화풀이를 하려고 하는지가 다 보인다. 그 사람의 머리끝까지 차오른 분노와 짜증도 보인다. 그뿐인가? '저 사람이 나에게 곧 무자비한 말을 퍼붓겠구나' 하는 낌

새도 알아차린다. 무엇보다 이제는 20년 전의 그 택시기사처럼 그저 부드럽게 그런 사람들을 바라본다. 미소 지은 채 손을 흔들며 행운을 빌어주고는 다른 일로 주의를 돌린다.

물론 처음부터 이것이 쉬웠던 것은 아니다. 몇 년 전 어느 날에도 그랬다. 아침부터 상사의 폭언에 기분이 상할 대로 상한 나는 산만하고 변덕스럽고 짜증을 부리는 사람으로 돌변해버렸다. 그날 하루계획이 완전히 늦어졌으며, 오후 3시 10분쯤 잊고 있던 일이 불현듯 생각났다. 큰 딸의 여름캠프장에 가야 하는데 시간이 거의 남아 있지 않았던 것이다. 당시 네 살이던 큰 딸 엘리아나는 모든 아이들, 상담교사들, 학부모들 앞에서 열리는 발표회에 참가하기로 되어 있었고, 나도 참관하겠다는 약속을 한 터였다.

나는 사무실을 빠져나와 쏜살같이 차에 올라탔다. 차선을 요리조리 옮겨 다니고 경적을 울리고 노란불에서도 전속력으로 차를 몰았다. 다른 차들이 느릿느릿 움직이는 바람에 신호에 걸릴 때마다 분통이 터졌다. 운전을 하면서 계속 신호등과 시계를 번갈아가며 뚫어져라 쳐다보았다. 그러면서 내내 이렇게 중얼거렸다.

"어쩌다 늦은 거지? 어쩌다 늦은 거야?"

마침내 캠프징에 도착한 나는 강당에 들어가서 누군가의 도움을 받아 아내와 작은 딸이 앉아 있는 자리를 알아냈다. 가운데에 마련된 내 자리로 가느라, 가장자리에 앉아 있는 사람들의 시야를 죄다 가리면서 남의 무릎과 발 사이를 이리저리 비집고 들어갔다.

"뭐 놓친 장면 없어?"

"엘리아나가 좀 전에 무대에 올라서 캠프 가족들이 다 지켜보는 가운데 개막기도를 낭송했어요."

나는 시계를 내려다보았다. 9분 지각이었다. 다시 아내를 올려다보았다.

"엘리아나가 당신을 봤어?"

"우리를 똑바로 보더니 손을 흔들던 걸요."

나는 고개를 떨어뜨리고 혼자 생각에 잠겼다.

'9분이나 늦다니. 내가 어떻게 이걸 놓칠 수가 있지? 엘리아나가 관중석에서 엄마랑 동생을 쳐다봤는데 나만 그 자리에 없었다는 게 말이 돼? 도대체 뭐 때문에?'

감정 지키기
맹세를 시작하다

다음날 나는 전날 일어난 일에 대해 곰곰이 생각해보았다. 어쩌다 내가 딸아이의 중요한 순간을 놓치고 못 보았을까? 그러자 갑자기 한 가지 생각이 떠올랐다. 일 폭탄을 맞자마자 내가 폭군이 되어버렸다는 사실이었다.

나는 정신이 나간 채로 온갖 변덕과 짜증을 부리면서 직장에서 폭군처럼 굴었다. 사무실에서 늦게 출발한 탓에 발표회에 늦지 않으려고 과격하게 운전할 때도 폭군처럼 굴었다. 아내와 작은 딸이 앉아 있는 모습을 보고 다른 관중들 앞으로 걸어갈 때도 그들의 무릎을 툭툭 치고 발가락을 밟으면서 폭군처럼 굴었다. 최악은 딸과 특별한 순간을 공유할 소중한 기회를 놓쳐버렸다는 사실이었다.

사실 내가 엘리아나의 발표를 놓친 결정적인 이유는 상사의 폭언을 들은 후 사랑하는 가족을 비롯한 다른 사람들에게 쓰레기감정을 퍼트리고 다녔기 때문이었다. 나는 쓰레기차에 대해서 전부 안다고 생각했지만 어쩌다 보니 내가 그만 쓰레기차로 변해버렸던 것이다.

그때 감정 지키기 맹세를 해야겠다고 깨달았다. 남의 감정공격이 내 삶에 영향을 미치게 만드는 일도, 내가 남에게 감정공격을 하는 일도 그만두어야 했다. 나는 그 즉시 하던 일을 중단하고 다음과 같이 적었다.

감정 지키기 맹세

나는 분노, 우울, 짜증 등 쓰레기감정을 용납하지 않을 것이다.

감정공격을 퍼붓는 사람을 보더라도 기분 나쁘게 받아들이지 않을 것이다.

그저 미소를 지은 채 손을 흔들며 행운을 빌어주고는 다른 일로 주의를 돌릴 것이다.

> 타인 앞에서 신경질을 부리거나 화를 내거나 우울해하는 모습을 보이지 않겠다.
> 나는 쓰레기차가 아니다!

나는 이 맹세를 큰 소리로 몇 번이나 반복하여 외쳤다. 머릿속으로 잘 외운 다음 아내와 공유했다. 아이들, 부모님, 친구들, 회사동료들과도 공유했다. 프린트를 해서 지갑과 다이어리에도 끼워두고 책상 위와 사무실 벽에도 붙여두었다.

그런 다음 나는 맹세를 실생활에 적용하기 시작했다. 앞으로 나아가려는 내 앞에 누군가가 와서 사나운 말을 퍼부으면 혼잣말로 감정 지키기 맹세를 중얼거렸고, 종종 몇 마디로 줄여서 말하기도 했다.

> "나는 부정적인 감정을 용납하지 않을 것이다."
> "그저 미소를 지은 채 손을 흔들며 행운을 빌어주고는 다른 일로 주의를 돌린다."

간혹 기분이 우울해지거나 짜증이 샘솟을 때면 이렇게 되풀이하여 말했다.

> "나는 타인 앞에서 신경질을 부리거나 화를 내거나 우울해하는 모습을 보이지 않겠다."
> "나는 쓰레기차가 아니다!"

감정 지키기 맹세는 생사를 다투는 상황이나 여타 극단적인 경험에서 탄생한 것이 아니다. 그저 다른 사람의 부정적인 성향으로 인해 내 인생이 망가지도록 내버려두는 바람에 점점 더 나쁜 부모, 배우자, 친구, 동료, 상사, 이웃으로 변한다고 깨달으면서 탄생한 것이다. 나는 타인의 부정적인 감정을 받아들이고 또 나의 부정적인 감정을 쏟아내면서 타인은 물론 스스로에게도 남모르게 상처를 입히고 있었다. 더 이상은 그러고 싶지 않았다.

더 큰 행복을 안겨준 3초 법치의 탄생

감정 지키기 맹세를 외우고 나서 나는 한 걸음 더 나아가 마음에서 쓰레기감정을 즉시 비워내기 위한 실용적인 룰을 만들어야겠다고 생각했다. 그래서 다시 한 번 택시기사가 들려주었던 가르침을 떠올려보았다.

'그냥 미소를 지은 채 손을 흔들어주고는 다른 일로 주의를 돌리세요.'

바로 그거였다. 나는 마음에서 부정적인 감정을 몰아내는 데는 짧지만 단계가 있다는 사실을 알게 되었고, 이를 총 3단계로 정리했다.

- **1단계_ 스스로에게 질문을 던진다**

지금 내가 내뱉고 싶은 말이 과연 내게 도움이 되는 것인지, 내가 원래 집중해야 하는 것이 무엇인지 생각한다. 만약 지금 해야 하는 이야기가 도움이 된다거나 원래 집중해야 하는 것과 연관된다고 판단이 되면 이야기해도 좋다. 그러나 대부분의 경우 그렇지 않을 것이다.

- **2단계_ 미소를 짓는다**

억지로라도 웃어본다. 우리의 뇌는 참으로 신비로워서 먼저 신호를 보내 표정을 디자인하기도 하지만 반대로 표정을 읽고 그에 맞춰 자신의 상태를 재설정하기도 한다. 즉 웃으면 행복해진다는 게 과학적으로도 맞는 이야기인 셈이다. 그러니 미소를 짓고 내게 화를 내는 상대 혹은 화가 나려는 나 자신에게 웃으며 행운을 빌어주자.

- **3단계_ 다른 일로 주의를 돌린다**

하고 있던 일, 하려고 했던 일에 바로 돌입한다. 순식간에 기분 나쁜 일로부터 주의를 돌린다는 게 말처럼 쉬운 일은 아니다.

하지만 앞의 두 단계가 확실히 이루어진다면 다른 일에 몰두하는 게 그리 어려운 일만은 아닐 것이다.

이 가운데 가장 중요한 것이 바로 1단계이다. 당장 소리를 지르고 싶은 충동이 목구멍까지 솟구치는 마당에 감정을 억누르고 다른 생각을 해야 한다니 말이다. 그러나 바로 이 첫 단계를 잘 이행하느냐 못하느냐에 따라 앞으로의 내 감정상태가 결정된다는 점을 잊어선 안 된다.

나는 수많은 사람들과의 상담은 물론 끊임없는 연습을 통해 이 1단계를 실행하는 데 약 3초 정도의 시간이 소요된다는 사실을 알았다. 감정공격을 받은 직후 첫 3초를 어떻게 보내느냐에 따라 내 마음이 크게 달라질 수 있다는 것이다. 그래서 1단계를 일컬어 3초 법칙이라고 부르기로 했다.

첫 3초간 자신에게 적절한 질문을 던지고 해답을 찾아낸 사람들은 상대적으로 분노, 짜증, 불민, 우울 등 쓰레기감정을 덜 느끼는 편이다. 그래서인지 대인관계가 원만했고, 회사생활도 성공적으로 영위하는 한편, 자기 인생에 대한 만족도도 높았다. 하지만 그 반대인 사람들은 직장에서도 가정에서도 불행했으며 인간관계를 맺는 데 큰 어려움을 느끼고 있었다.

3초 법칙을 지키면 지킬수록 나는 더욱 더 행복해졌다. 폭언을 퍼붓는 사람들을 가볍게 무시할 때마다, 끓어오르는 분노와 짜증을 남에게 퍼뜨리지 않을 때마다, 더 커다란 자유와 더 깊은 행복을 느꼈다. 자유롭게 하루를 만끽했고, 가장 소중한 사람들을 마음껏 사랑하고 걱정했으며, 인생에서 중요한 문제에 기꺼이 집중할 수 있었다.

3초 법칙의 핵심은 '성질 부리는 상대를 어떻게 처리해야 하나' 고민하면 안 된다는 것이다. 즉 분석하지도, 심사숙고하지도, 토론하지도, 곱씹지도 말고 그저 철저히 무시해야 한다.

내가 무척 좋아하는 운동선수 중에 월터 페이튼Walter Payton이란 미식축구 선수가 있다. 페이튼은 경기장에서 태클을 당해 바닥에 넘어질 때마다 곧바로 벌떡 일어나곤 했다. 넘어졌다고 해서 결코 잠시라도 꾸물거리는 법이 없었다. 그는 늘 일어나자마자 곧바로 최고의 플레이를 선보일 준비가 되어 있는 사람이었다.

종목에 관계없이 세계 최고의 선수라면 누구나 이런 식으로 플레이를 펼친다. 의욕이 넘치는 최고의 지도자들 역시 이런 정신으로 살아간다. 그들은 아무리 많은 장애물과 마주치더라도 전혀 개의치 않는다. 힘들어하는 아내, 만사를 귀찮아하는 남편, 화만 내는 상사, 말끝마다 토를 다는 부하직원, 은근히 나를 무시하는 것 같은 친구들이 내 소중한 인생을 삼키도록 내버려두지 않는 것이다.

우리는 이제 마음 근육을 더욱 탄탄히 만들어가야 한다. 그러려면 언제 누가 내게 감정공격을 퍼부을지 모른다는 사실을 기억하고 항시 대비해야만 한다. 나쁜 기억들을 지워버리고 좋은 기억들을 담아둘 공간을 마련해야만 한다. 바로 이 책에 그렇게 되기 위한 열쇠가 담겨 있다.

| 감정 지키기 연습1 | 내게 생길 긍정적인 변화들을 상상하라 |

1. 먼저 하루 동안 여러분이 타인으로 인해 기분이 나빠지는 경험을 몇 차례나 하게 되는지 세어 보라.
2. 이 횟수에서 10퍼센트만이라도 적어졌을 때 여러분의 인생이 어떻게 달라질지 생각해보라. '오전이 가기 전에 부장의 저 얘길 깨끗이 지워버리면 훨씬 더 밥맛이 좋을 거야' '동기 녀석의 끝도 없는 불평불만을 한 귀로 듣고 한 귀로 흘리면 머리가 좀 덜 아프겠지?' '엄마의 신세한탄 하는 얘길 적당히 듣고 넘기면 내일 아침에 얼굴에 난 뽀루지가 사라질지도 몰라' 등 사소하지만 긍정적인 변화를 마음껏 상상하라. 이것이 바로 타인의 감정공격에 상처받지 않는 연습 1단계이다.

02 다혈질 팀장 때문에 미치겠어요

무시하되, 똑똑하게 무시하라

폴은 정말로 지쳐 보였다. 그는 중소기업의 마케팅 부서에 근무하고 있는 회사원이면서 두 아이의 아빠이기도 한 30대 후반의 평범한 남자였다. 겉으로만 봐서는 폴에게 문제가 있다는 것을 아무도 짐작하지 못했다. 하지만 폴은 매일 매일 쌓여가는 스트레스로 인해 거의 미치기 일보직전이었다.

모욕 주는 팀장, 짜증 나게 구는 동료

"자네 지금 날 무시하는 건가? 왜 제대로 보고를 안 하고 자네 마음대로 일을 처리하는 거지?"

폴의 팀장은 앞뒤 따지지 않고 대뜸 화부터 냈다. 폴은 잠시 멍한 표정으로 상대를 쳐다보았다.

"지난주에 다른 보고 드리면서 같이 말씀드렸는데요. 그때 고객관리 부분 보강하라고 하셔서 그 부분 수정해서 실무 부서에 넘겼습니다."

"뭐라고? 왜 그걸 자네 마음대로 넘기나? 나한테 수정한 보고서를 보여주고 내 오케이가 떨어지면 그 다음에 넘겼어야지. 자네가 팀장이야? 아님 사장인가?"

사무실이 쩌렁쩌렁 울릴 정도로 노발대발하는 팀장 앞에서 폴은 변명조차 제대로 할 수 없었다.

얼마 전 회사의 실적이 떨어지자 조직구조가 개편되면서 폴의 상사로 들어온 새로운 팀장. 대기업에서 엄청난 실적을 올리며 승승장구한 실력을 인정받아 스카우트되어 왔다는 그는 명성만큼이나 성격도 대단했다. 사사건건 업무에 개입을 하면서, 조직 내에서 돌아가는 일 전부를 알려고 들었다.

폴에게는 특히 더 심했다. 폴이 그전까지 조직원들의 신뢰를 받아온 팀장후보 1순위였다는 사실을 안 다음부터 그는 유독 폴을 괴롭혔다.

"자네 월급이 얼마야?"

"네? 그건 왜……."

"자네가 이 회사에서 가장 유능한 사람이라고 소문이 자자하던

데. 베테랑 중의 베테랑이라고. 그런데 어떻게 이 정도 아이디어밖에 내질 못하나? 자네는 스스로 연봉 받는 만큼 일하고 있다고 생각하나?"

폴은 분노로 손끝이 바르르 떨렸다. 시간이 지날수록 모욕적인 언사까지 서슴지 않는 팀장을 보면서, 폴은 이 회사를 나가야 하는 것이 아닌가 하는 회의에 빠졌다. 거의 매일 팀장에게 깨지는 그를 측은하게 바라보는 동료나 후배사원의 눈빛도 이제 민망한 것을 넘어 보기조차 싫었다.

"폴, 기분은 좀 어때? 아까는 팀장이 좀 심하던데."

동료가 다가와 걱정스레 말을 걸었다. 남의 일에 참견하기 좋아하긴 하지만 마음만은 착한 친구였다.

"뭐, 하루 이틀 일인가."

민망함에 황급히 자리를 뜨고 싶은 폴을 붙잡고 동료가 흥분한 목소리를 이어갔다.

"그래도 이건 너무 심하잖아. 유독 자네를 밀어붙이고 있다고. 자네가 어딜 봐서 무능한 사람이야? 우리 팀 최고의 두뇌인데. 이건 무슨 수를 쓰지 않으면…."

"무슨 수를 쓸 건데? 자네가 사장한테 일러바치기라도 해줄 텐가?"

"아니, 난…."

폴은 동료가 자기를 위로해주는 것이 아니라 오히려 비웃는 것 같다는 생각이 들어 짜증이 솟구쳤다. 그는 당황한 동료를 노려보며 냉정하게 쏘아붙였다.

"자네가 지금 내 걱정할 땐가? 자네 앞가림이나 잘하라고!"

그냥 못 들은 척 넘어가라고?

자신의 스트레스상태에 대해 토로하기 위해 폴이 나를 찾아왔을 때 나는 평범한 그의 얼굴에서 더 이상 감당할 수 없는 분노와 괴로움을 읽어낼 수 있었다. 그는 회사를 가는 일이 지옥 같다고 했다. 처음에는 새로운 팀장 때문에 끔찍했지만 이제는 동료들도 미워보인다고 했다.

"오늘은 팀장이 절 불러서 어린애 대하듯 타일러가며 이야기를 하더군요. '폴, 이런 건 이렇게 해야 하는 거야' 라고요. 사실 그건 저도 이미 다 알고 있는 거였어요. 업무의 기본 중 기본이 되는 이야기를 마치 자기 혼자만 아는 것처럼 잘난 척을 해대는데, 진짜 어이가 없고 분통이 치미는 걸 간신히 참았습니다."

새로운 팀장으로 인해 폴의 일상은 뿌리부터 흔들리고 있었다.

"이젠 아침에 일어나 아이들을 깨우는 것마저 너무 스트레스에요. 회사에서 후배사원이 모르는 업무를 물어봐도 정말 가르쳐주기 귀찮을 정도입니다. 삶의 순간순간이 전부 스트레스가 됐어요."

폴이 이런 얘기를 가까운 친구나 아내에게 하면 대부분 "그래도 어떻게 하겠어. 그냥 넘어가" "못 들은 말로 해. 한 귀로 듣고 한 귀로 흘려버리라고"라는 이야기를 해주었다. "너무 신경 쓰지 마"라는 말로 적당히 위로하는 친구도 있었다. 그러나 당연히도 그런 말은 폴에게 전혀 와 닿지 않았다.

이러한 말들은 근본적으로 마음의 상처를 치유하는 데 아무런 도움이 되지 않는다. 아니, 형식적인 위로는 도움을 주기는커녕 상대의 괴로움을 더욱 깊게 만들 수도 있다.

타인 때문에 괴로워지는 상황에 부닥칠 때는 그냥 넘어갈 것이 아니라 무시해야만 한다. 그냥 넘어간다는 말은 괴로운 경험을 일단 받아들인 다음 이후에 처리를 한다는 뜻이다. 하지만 그렇게 되면 결국 넘어가는 데 성공한다 하더라도 부정적인 경험이 남긴 영향과 기억이 그대로 맴돌게 마련이다.

물론 시간이 흐르면서 더 이상 에너지를 쏟아붓지 않는다면 부정적인 기억이 지닌 힘도 서서히 줄어들 것이다. 하지만 부정적인 경험을 처리하느라 크든 작든 에너지를 써버리는 바람에 중요한 대상에 쏟아야 할 에너지를 이미 너무 많이 허비했다는 사실을 기억할 필요가 있다. 이러한 경험이 계속 쌓이다 보면 나중에는 그냥 내버려둘 수밖에 없는 상황이 점점 늘어나고, 결국 쓸데없는 분노, 좌절, 실망에서 오는 부담감으로 인해 점점 더 고통스러워질 것은 자명한 일이다.

작은 스트레스가
더 위험하다

일상에서 마주하는 스트레스, 좌절의 경험, 인간관계의 괴로움과 이를 극복하는 방식은, 생각보다 우리의 건강과 행복에 훨씬 더 큰 영향을 미친다. 심리학자 리처드 라자러스Richard Lazarus는 일상에서 겪는 작은 괴로움들이 합쳐지면 인생에서 최악의 사건으로 꼽히는 일보다 우리에게 훨씬 더 부정적인 영향을 미칠 수 있다고 경고한다. 정말 놀랍지 않은가? "오늘도 데이트하러 가나 봐? 다들 야근하는데"라고 비꼬는 상사의 한 마디, 한 마디가 쌓이면 사랑하는 사람과의 이별보다 더 큰 상흔을 남길 수 있다는 것이다!

라자러스는 자신의 저서 《스트레스와 평가 그리고 대처Stress, Appraisal, and Coping》에서 이렇게 설명한다.

일상이란 각자의 인생에서 맡게 되는 역할 때문에 겪는, 평범하지만 스트레스 쌓이는 경험들로 가득 채워져 있다. 이번 연구에서는 이런 경험, 즉 사람들을 짜증나게 하고 괴롭히는 사소한 것들을 '일상적 스트레스'라고 부른다. … (중략) … 일상적 스트레스는 이혼이나 사별 같은 인생의 커다란 변화에 비하면 평범할 수 있지만, 적응력과 건강에는 훨씬 더 중요할지도 모른다.

일상에서 받는 작은 스트레스들이 위험한 이유는 이렇다. 우선

"이 정도 보고서 쓰고 월급을 받는단 말이지"라고 다그치는 상사,
"자기, 배가 언제 이렇게 나왔어"라고 대수롭지 않게 말하는 여자친구,
"옆집 아들은 이번에 자기 부모한테 집을 사줬다더라"라고 떨떠름해하는 어머니,
이 모든 작은 스트레스들이 쌓이면
인생 최악의 사건보다 우리에게 훨씬 더 부정적인 영향을 미칠 수 있다.

부정적인 경험이 자꾸 떠올라 정신이 산만해진다. "자기, 배가 언제 이렇게 나왔어?"라고 대수롭지 않게 던진 여자친구의 한 마디, 직속상사인 나를 무시하고 곧바로 내 위의 상사에게 달려가 불만을 토로한 부하직원에 대한 배신감, 반찬 좀 가져다 달라고 두 번을 말했는데도 꿈쩍 않던 식당 종업원에 대한 짜증이 일단 솟구치고 나면 이 기분이 자꾸 내 머리를 맴돌아 정작 해야 할 일이 눈에 들어오지 않는 것이다.

나 자신에 대한 자괴감에 빠져 한없는 우울에 시달리기도 한다. "이 일을 벌써 해놨단 말이야? 정말 시키지 않아도 척척이네"라는 상사의 칭찬, "자긴 어쩌면 이렇게 마음이 넓어"라고 하는 여자친구의 감탄에 스스로가 정말 유능하고 멋진 사람처럼 여겨지다가도, "이 정도는 알아서 해놨어야지"라는 꾸지람, "무슨 남자가 이렇게 쪼잔해"라는 비난을 듣고는 한순간에 자신이 세상에서 가장 무능하고 속 좁은 인간인 양 비참해지기도 한다. 조울증에 걸린 것도 아닌데 롤러코스터에 탄 것처럼 하루에도 몇 번이나 요동치는 감정을 생각하면 내 성격에 문제가 있는 건 아닌가 걱정이 될 정도이다.

그런가 하면 분노, 불안, 우울함이 남긴 후유증에 시달리다가 건강을 망쳐버릴 수도 있다. '스트레스는 만병의 근원'이라는 말을 굳이 언급하지 않더라도 부정적인 감정이 만들어내는 질병이 한두 가지가 아니라는 사실은 이미 잘 알려져 있다. 가볍게는 두통에서

부터 각종 암에 이르기까지, 생각만 해도 두려운 질병들의 가장 큰 원인으로 스트레스가 꼽히고 있다. 스탠퍼드대학 생물학과의 신경학 연구원인 로버트 새폴스키Robert M. Sapolsky는 저서 《스트레스Why Zebras Don't Get Ulcers》에서 "적개심을 품은 사람은 결국 혈압이 더 높아지고 심혈관계에 바람직하지 않은 다른 증상들이 나타난다"고 강조하기도 했다.

무엇보다 일상에서의 작은 스트레스가 위험하다고 이야기하는 가장 큰 이유는 남 때문에 받는 이런 스트레스로 인해 내가 스트레스를 주는 사람으로 변신할 수 있다는 사실 때문이다. 혐오하면서 닮는다고 했던가. 차곡차곡 쌓인 스트레스를 그런대로 잘 견뎌내던 사람도 어느 날 참기 힘든 순간이 오면 그야말로 감정을 폭발시키곤 한다. 혹은 끊임없이 주변 사람들에게 불평불만을 터뜨리거나 내게 스트레스를 준 사람들에 대해 험담을 늘어놓게 된다. 그러다 보면 어느 새 '욱 하는 사람' '폭탄' '짜증나는 인간'으로 취급받게 되고, 결국 어느 때부터인가 주변에 사람들이 남아 있지 않게 된다. 애초 스트레스를 잘 견디지 못하는 사람이라면 두말할 것도 없다.

폴 역시 자신을 위로해주려고 다가온 동료에게 스트레스로 인해 본의 아니게 모진 말을 던지고 말았다. 평소의 그라면 결코 그런 말을 하지 않았을 텐데 말이다.

그건 내 잘못이 아니야

앞에서 얘기한 택시기사를 떠올려 보라. 문제의 차가 택시 앞으로 갑자기 튀어나왔을 때 기사는 보복할 생각을 하기는커녕 화를 내지도 않았다. 상대 운전자의 운전행태를 찬성하지는 않았지만 다른 대다수의 사람들과 달리 얼굴을 붉히며 분노를 쏟아내지도 않았다. 잠시 멈춰서 상대 운전자가 쏟아내는 쓰레기를 떠안는 대신, 그저 상황 자체를 철저히 무시해버렸다.

그 택시기사는 어떻게 그 상황에서 그리 초연할 수 있었을까? 해답은 바로 '자존감'이었다. 자존감이 충분한 사람은 상대가 아무리 심한 감정공격을 해와도 결코 흔들리지 않는 법이다. 그리고 이러한 자존감을 형성하기 위한 첫 단추는 자기 자신의 좋은 점을 아는 것에서 출발한다.

나는 폴에게 자신의 장점을 직접 적은 목록을 준비하라고 했다. 특히 폴의 팀장이 집중 공격하는 폴의 단점들이 얼마나 허무맹랑하게 조작된 것인지 보여주는 증거들을 담아오라고 했다. 단 그것들이 구체적이야 한다는 단서를 붙였다. 그러자 폴은 다음 시간에 아래와 같은 이야기를 적어 왔다.

- 나는 내 연봉의 10배만큼 회사의 매출을 올려주고 있다.

- 나는 많은 회사 사람들로부터 사랑받고 인정받는 직원이다.
- 나는 꼼꼼하고 빈틈이 없어서 직원들 가운데 실수를 가장 적게 저지른다.

나는 폴에게 이 장점 목록을 작은 카드로 만들어 늘 소지하고 다니면서 팀장의 비난이 쏟아질 때마다 떠올리라고 말해주었다. 그 카드가 일종의 부적처럼 자기긍정의 주문을 걸어줌으로써 그를 지켜줄 것이라 믿었기 때문이다. 물론 쉬운 일은 아니었다.

당연한 일이다. 자존감 회복은 평생을 노력해도 이뤄내기 어려운 일이니까. 이후로도 폴은 한동안 팀장의 공격이 쏟아질 때마다 괴로운 마음에 정신을 차릴 수 없었다. 하지만 속는 셈치고 자리에 앉아 슬그머니 그 카드를 꺼내보면서 자신이 얼마나 훌륭한 직원인지 되뇌는 연습을 계속했다. 처음에는 정신을 집중하기가 어려웠지만, 시간이 지날수록 폴은 카드를 보지 않아도 자기긍정의 주문을 외울 수 있었고, 곧 마음이 편해지는 놀라운 경험을 하게 되었다.

몇 달의 시간이 지난 지금, 그는 자존감을 상당 부분 회복했고 자연스럽게 스트레스와도 이별하게 되었다.

그것이 끝이 아니었다. 자기긍정의 선물을 받았던 것일까. 며칠 전 나를 찾아온 그는 얼굴 한 가득 웃음을 머금고 떨리는 목소리로 내게 자신이 팀장으로 승진하게 되었다는 기쁜 사실을 알려주었다. 그야말로 기막힌 반전이었다.

감정 지키기 연습2   자존감 노트를 만들어라

1. 주변사람 가운데 끊임없이 내 신경을 건드리는 이가 있는가? 그들이 내게 던지는 기분 나쁜 말들이 감정 섞인 것인지 아니면 진심어린 충고인지 곰곰이 판단해보라.
2. 그들의 말이 내게 전혀 도움 되지 않는다는 확신이 들면, 그들이 내게 말도 안 되는 얘기를 건네거나 신경질적인 반응을 보일 때마다 내가 얼마나 괜찮은 사람인지를 반복적으로 떠올려라.
3. 이것이 잘되지 않는다면, '자존감 노트'를 만들어 자신의 장점에 대해 구체적으로 적어본다. 이때 중요한 것은 내가 감정공격을 하는 상대가 주로 나의 어떤 면을 꼬집는지 생각하여 그 부분에서의 내 강점을 적는 것이다. 예를 들어 "지금 이걸 보고서라고 냈나?" "자네는 화장할 시간에 맞춤법부터 배우지!"라고 퍼부어대는 상사가 있다면, 내가 업무시간에 얼마나 집중하는지, 보고서를 잘 쓰기 위해 어떤 노력을 기울이는지, 프레젠테이션을 얼마나 잘하는지 등의 이야기를 적어본다. 그리고 이것을 작은 수첩에 적거나 카드로 만들어 소지하고 다니면서 나를 지켜주는 주문처럼 외운다.

3초 법칙 활용법

상사에게 처음 감정공격을 받았을 때는 첫 3초간 '그의 말이 맞나?'를 먼저 생각하라. 자기가 잘못한 게 있다는 생각이 들면 곧바로 인정한다. 그렇지 않으면 2단계인 미소 짓기로 넘어가라. 이후 상대의 감정공격이 지속적으로 이어질 때에는 첫 3초간 앞서 준비했던 자존감 노트의 내용을 떠올린다.

03 나쁜 사람은 아닌데 무능하니까 답답하네요

때때로 파트너를 바꿔라

 늘 손님으로 바글바글한 인기레스토랑을 운영하는 빌리에게는 골치 아픈 종업원 한 명이 있다. 기막히게 잔머리를 굴려가며 어떻게 해서든 일을 하지 않으려고 꼼수를 쓰는 얄미운 직원 에리카였다.

 에리카는 거짓말을 하는 데 천부적인 재능을 타고난 사람 같았다. 웨이트리스인 에리카는 타고난 언변과 미모를 무기로 동료직원들에게 자기 일을 어렵지 않게 떠넘기며 항상 정시에 퇴근했다. 그러면서도 손님들에게 가장 많은 팁을 받았다. 빌리는 에리카에게 경고를 하는 한편 다른 직원들에게 에리카의 일을 대신해줬다가 걸리면 각오하라는 말을 여러 번 했지만 상황은 전혀 달라지지 않았다. 결국 빌리는 에리카를 내보내고 말았다.

웃는 얼굴에도
때로 침을 뱉고 싶다

에리카 대신 들어온 톰은 그야말로 모범적인 직원이었다. 레스토랑에서 가장 늦게 퇴근하는 것은 기본, 아침에도 가장 먼저 출근하여 청소까지 해놓는 등 누구보다 열심히 일을 했다. 빌리는 이제야 자리에 딱 맞는 사람이 들어왔다는 생각에 흡족한 기분을 감출 길이 없었다.

"톰, 자네는 정말 성실한 사람이군. 그런 자세라면 조만간 크게 성공하겠어."

빌리는 틈 날 때마다 보란 듯이 톰을 칭찬했다. 그러나 빌리의 칭찬은 그리 오래가지 못했다.

톰이 들어온 지 얼마 되지 않아 레스토랑에서는 손님들의 항의가 하나 둘 늘어가기 시작했다. 예전에 비해 너무 오래 기다려야 자리가 난다는 등, 음식도 늦게 나온다는 등 여러 이야기가 들리는 것이었다. 의아하게 여긴 빌리는 식원들을 불러놓고 왜 이런 말들이 나오는 것인지 이야기해보라고 했다.

"저…. 아무래도 톰이 들어온 지 얼마 안 되어서 저희랑 손발 맞추는 게 아직은 서툰 것 같습니다. 톰이 좀 더 숙련된다면 상황은 곧 개선될 겁니다."

매니저가 조심스럽게 말을 꺼냈다. 뒤이어 톰이 고개를 떨어뜨리고는 작은 목소리로 말했다.

"면목 없습니다. 더 열심히 배우겠습니다."

빌리는 이렇게 열심히 하는 톰이 대체 뭐가 문제라는 것인지 알 수 없었다. 그래서 매니저를 따로 불러 이야기를 들어보았다.

"톰이 아직은 서툽니다. 원래 좀 이해가 느리거나 일머리가 없는 사람인 것 같기도 하고요. 손님이 주문을 하면 곧바로 주방에 주문을 넣고 그 다음 일을 해야 하는데 주문을 받고도 이 일, 저 일을 하다 보니까 자연히 주방에 주문이 늦게 들어가는 모양이에요. 손님이 가고 난 자리를 치울 때도, 남은 음식을 가장 작은 접시에 모은 다음 큰 접시에서 작은 접시 순으로 쌓아올려 한꺼번에 들고 가야 하는데 이걸 아무리 알려줘도 잘하지 못하더라고요."

이 말을 들은 빌리는 한동안 톰을 유심히 지켜보았다. 정말 그러고 보니 매니저의 말이 맞았다. 톰은 효율적으로 일하는 타입, 창조적으로 일하는 타입과는 거리가 멀었다. 정해진 매뉴얼대로 하는 일은 늘 속도가 남보다 두세 배 느렸고, 매뉴얼에서 벗어난 일은 최악의 방법으로 처리를 하는 일이 허다했다. 알게 모르게 접시를 깨뜨리는 일도 많았고, 일부 손님들에게는 너무 과도한 친절을 베풀다가 부담스럽다는 편잔을 듣기도 했다. 정말 이렇게 일 못하기도 쉽지 않겠다는 생각이 들 정도로 심각했다.

'안 되겠군. 이러다간 레스토랑이 문을 닫을지도 모르겠어.'

고민에 빠진 빌리는 톰을 불렀다. 비록 톰이 지금 당장은 일을 좀 못하지만 잘 가르치면 예의 그 성실을 무기로 금세 능력을 발휘할 것 같았다.

"톰, 자네가 우리 레스토랑을 위해 밤낮없이 열심히 일하고 있다는 사실을 잘 알고 있네. 정말 고맙네. 그런데 말이야. 아까 매니저가 말한 것처럼 자네는 아직 일을 더 배워야 할 것 같네. 매니저에게 특별히 부탁을 해두었으니 레스토랑의 일을 차근차근 익혀가도록 하게."

톰은 빌리의 이야기에 고개를 끄덕이며 다시 한 번 열심히 하겠다는 말을 덧붙였다.

그로부터 두 달이 지나갔지만 이상하게도 톰의 일하는 능력은 생각만큼 빨리 좋아지지 않았다. 빌리가 여러 번 톰을 만나 무엇이 문제인지 의견을 나누고 매니저도 물심양면 톰을 도와줬지만 좀처럼 톰의 실력은 나아지지 않았다. 레스토랑의 손님은 에리카가 있던 시절에 비해 20퍼센트 가량 줄어들었다. 매니저도 톰을 가르치는 데 지쳐 레스토랑을 그만두고 싶다는 말까지 했다.

"톰은 너무 착해요. 그래서 화를 낼 수조차 없어요. 일을 열심히 안 해서 문제가 되는 거면 따끔하게 혼낼 수라도 있는데 이건 말을 너무 못 알아듣고 느려서 생기는 문제라 뭐라 하기도 힘들어요. 정말 답답해 미치겠습니다. 이제 톰이 웃는 걸 보기만 해도 스트레스가 쌓여요."

빌리는 매니저를 다독이며 그래도 톰이 착하고 성실한 직원이니 잘 가르쳐보라고 했지만 사실 본인 역시 지쳐가고 있음을 부인할 수 없었다. 빌리 역시 선량한 얼굴로 웃으며 인사하는 톰을 보면 언제부터인가 울화통이 치미는 것을 느꼈던 것이다.

선량함이 면죄부는 될 수 없다

"난 정말 이 친구를 어떻게 해야 좋을지 모르겠네. 며칠 전엔 큰마음을 먹고 화를 냈는데 사실 뭐라고 화를 내야 할지조차 잘 모르겠더군. 게다가 내가 소리를 지르는데도 그 친구는 눈만 깜빡이며 또 열심히 하겠다는 말만 반복하는 거야. 나 참. 거기다 대고 당신 얼굴만 봐도 이제 짜증이 난다고 할 수도 없고."

내 조언을 듣고 싶다며 긴 편지를 보내온 오랜 친구 빌리는 편지 말미에 차라리 에리카를 내보내지 말 것 그랬다는 후회 섞인 말까지 덧붙이며 괴로움을 토로했다.

나는 빌리의 마음이 백번 이해되고도 남았다. 빌리는 착하고 바른 성품을 가진 신사여서 특별히 잘못을 저지르지 않은 이상 직원을 함부로 해고할 리 없었다. 그는 성실의 가치를 늘 높게 샀다. 따라서 톰을 해고하는 것은 자신의 원칙에 완전히 위배되는 일이므로 어떻게 해서든 다른 해결책을 찾으려는 게 틀림없었다.

일을 하다 보면 정말 열심히는 하는데 성과가 좋지 못한 사람들을 볼 수 있다. 똑똑하게 일할 줄 모르는 이런 타입의 사람들은 어쩌면 우리가 만나는 감정공격자 가운데 가장 강적일 수 있다. 대놓고 화를 낸다거나 모욕, 무시를 하는 상대에게는 '나쁜 놈'이라는 딱지를 붙일 수 있으므로 얼마든지 욕을 해도 마음이 불편하지 않다. 하지만 늘 사과하고 미안해하며 더욱 묵묵히 성실하게 일하는 톰 같은 상대라면 어떨까. 대놓고 욕을 할 수도 없으니 그야말로 화병이 날 지경이다.

빌리와 빌리의 레스토랑 매니저가 화병이 나기 전에 마음의 안정을 찾으려면 어떻게 해야 할까? 원칙에 어긋나더라도 에리카를 내보냈듯 미련 없이 톰도 내보내는 것이 최선의 방법은 아닐까? 아니면 일을 못하는 톰을 대놓고 비난하며 화를 내고 구박을 해야 할까?

이러한 경우에는 사실 빌리보다는 매니저가 훨씬 더 정신적으로 고통받을 수 있다. 빌리는 직접 톰을 가르치는 당사자가 아니기 때문에 답답한 마음이 덜할 것이며, 어쩌면 왜 매니저가 톰처럼 성실한 직원을 잘 트레이닝시키지 못하는지 이해가 안 될 수도 있다. 극단적인 경우 빌리는 톰을 해고할 수 있는 권한도 가지고 있지만 매니저에게는 그러한 권한이 없다. 알맞은 해결법을 찾지 못한다면 매니저는 아마 계속 고통을 당하며 레스토랑에 남느냐, 미련 없이 떠나느냐 갈림길에 서게 될 것이다.

이때 무조건 묵묵히 참고 끝까지 톰을 배려하는 게 최선이 아니라는 것쯤은 누구나 알 것이다. 톰은 타고나길 이해력이 부족하고 일에 대한 센스가 없는 사람이다. 그저 착하다는 이유로 계속 그에게 호의를 베푼다면 톰 자신에게도 발전이란 있을 수 없다.

포기하지 말고
지혜의 마법을 부려라

사람은 누구나 속도의 차이는 있지만 일정량의 트레이닝을 거치면 조금이라도 업무능력이 향상되게 되어 있다. 먼저 이 점을 명심하라. 언젠가 이 사람의 능력이 좋아져 고생했던 그 날을 웃으며 회상하게 될 것이라는 점을 강력하게 믿어야 한다.

또 이런 사람을 일대 일로 혼자 오랫동안 대하며 가르치다 보면 삽시간에 지칠 수 있으므로 여러 명과 나누어 책임을 질 수 있어야 한다. 그를 완전히 포기할 수는 없지만 때로 떨어져 있는 시간을 가질 필요가 있다. 따라서 나는 빌리에게 톰을 가르치는 사람을 매니저 한 명으로 두지 말고 여럿으로 두라고 말해주었다. 매니저가 좀 쉴 수 있어야 하는 것이다.

회사에서도 마찬가지다. 함께 일하는 직원 가운데 톰과 같은 사람이 있다면 그와 일하는 시간을 조금 줄여보라. 같은 팀에서 일하는 사이라면 어쩌다 한 번씩은 단독으로 업무를 해결하고 싶다고 하거나, 다른 팀의 유능한 누군가와 짝을 이뤄 일을 해보겠다고 회사에 제안하라. 협력부서에서 일하는 사이라면 일은 더 쉽다. 모든 업무를 톰 같은 사람과 함께 진행해야 한다면 아무리 인자하고 이해심 많은 사람이라도 금세 지치고 만다.

톰과 같은 부하직원을 둔 조직의 리더라면 답답해하기만 할 것이 아니라 무능한 그를 유능한 사원으로 탈바꿈시켜주는 드라마틱한 마술을 부려보자고 다짐하라. 한번 멋진 멘토가 되어보자. 내게 스트레스를 주는 답답한 사람이 아니라 내게 색다른 기쁨을 선사해 줄 사람, 나에게 떨어진 위대한 도전과제라고 생각하며 상대를 바라보자.

한 가지 팁을 주자면 톰과 같은 직원은 보통 동시에 여러 가지 일을 함께 진행하는 데 특히 미숙하다. 업무를 파악하는 속도가 느리기도 하거니와, 한 가지에 집중하면 다른 한 가지를 잘 잊어버리는 편이기 때문이다. 따라서 이들에게는 어렵지 않은 업무를 집중적이고 깊이 있게 해내도록 맡겨주는 게 가장 좋다.

톰의 경우에도 주문을 받고 남은 음식접시를 치우고 손님들의 시중을 드는 등 여러 일을 한꺼번에 해내야 하는 웨이터 일보다는 계산을 담당하는 일로 보직을 변경해주는 편이 나을 것이다. 성실한 톰이라면 믿고 계산대를 맡겨도 괜찮을 것 같다.

내 편지를 받은 빌리는 곧바로 톰에게 계산을 맡아보는 게 어떻겠냐는 제안을 했다. 톰은 몇 달간 공들여 배워온 일을 바꿔야 하는 것에 큰 부담을 느꼈지만 빌리는 믿을 수 있는 사람에게만 맡길 수 있는 자리라며 톰을 설득했다. 동시에 현재 계산을 맡고 있는 직원에게는 급료를 올려주기로 하고 웨이트리스로 사리를 옮겨달라고 설득했다. 그 직원은 흔쾌히 찬성했고, 빌리는 그 직원에게 톰의 트레이닝까지 맡겼다. 톰이 그 일에 익숙해질 때까지 매니저와 번갈아 톰을 가르치도록 했던 것이다.

그리고 무엇보다 빌리는 매니저가 마음을 추스를 수 있도록 신경을 썼다. 그간 자기가 받았던 스트레스 이상으로 그가 스트레스를 받았을 것이라 생각하고, 그에 따른 보상을 해주기로 했다. 또한 그가 참을성 있게 톰을 도와준 것이 얼마나 훌륭한 일이었는지를 끊임없이 주입시키면서 그를 위대한 선생님이라고 칭찬했다. 참 신기하게도 그 과정에서 본인의 답답한 마음까지 많이 풀려가는 것을 느꼈다.

빌리의 레스토랑은 이제 서서히 손님수를 예전만큼 회복해가고 있다. 남보다 조금 더 오랜 시간이 걸렸지만 성실한 톰은 이제 계산일에 완전히 익숙해져서 레스토랑 운영에 큰 도움이 되고 있다. 톰때문에 레스토랑을 그만두는 것까지 생각했던 매니저는 자기가 구제불능 톰을 여기까지 끌어올린 것에 대해 자부심을 가지게 되었다. 그는 예전보다 훨씬 더 활기차게 일하면서 신입직원들을 교육하는 데 열정을 갖고 큰 관심을 기울이고 있다.

그렇다면 빌리는 어떨까? 빌리는 '구제불능 톰을 여기까지 끌어올린 것에 대한 자부심'은 물론, 매니저를 이만큼 변화시킨 것에 대한 자부심까지 함께 느끼며 더 왕성하게 활동 중이다.

감정 지키기 연습3 멘토의 마음으로 대하되, 때로 숨통을 틔워라

1. 일에 대한 센스가 부족한 사람과 일을 할 때는 무조건 상대를 윽박지르거나 무시할 것이 아니라 '더 능력 있는 내가 그를 일 잘하는 사람이 되도록 이끌어주겠다'고 생각해야 한다. 멘토의 마음으로 상대를 대하라.
2. 답답한 상대와 일을 하는 데는 분명 한계가 있다. 그와 계속해서 손발을 맞춰야 하는 상황이라면 그가 익숙해질 때까지 계속 가르쳐준다는 마음을 유지하되 진행하는 업무의 종류에 따라 때로 파트너를 전략적으로 바꿔보고 싶다는 뜻을 상사에게 전하라.
3. 무능한 상대가 나의 부하직원이라면 그가 능력을 발휘할 수 있는 업무영역을 찾을 수 있도록 도와라. 복잡한 업무보다는 단순하고 쉬운 업무를 집중적으로 잘할 수 있게 이끌어주는 것이 현명하다. 곤란한 상황에 빠진 상대를 구해주는 마음, 즉 '도와준다'는 마음을 가지는 것, 나아가 상대를 내가 해결해야 할 하나의 도전과제로 여기는 것이 핵심이다. 이러한 노력은 결국 나의 커리어에 도움이 될 뿐 아니라 커다란 자부심으로 돌아올 것이란 사실을 명심하라.

3초 법칙 활용법

무능한 상대의 실수 때문에 곤란한 상황이 벌어졌을 때는 3초간 '이 사람의 노력이 충분치 않아서 생긴 문제인가'를 먼저 생각하라. 그렇다는 생각이 들면 상대의 성실하지 못한 태도로 인해 곤란한 상황이 되었다는 사실을 솔직히 말하라. 그렇지 않다는 생각이 들면 화를 내거나 꾸짖는 게 소용없는 일이므로 앞서 이야기한 것처럼 도와주기로 마음먹어라.

04 여자상사의 기분을 어떻게 맞춰야 할까요

일부러라도 더 깍듯하게 하라

얼마 전 나는 한 세미나에서 훤칠한 키에 호감 가는 인상을 가진 청년 제이크를 만났다. 내게 상담을 요청하는 사람들이 늘 그렇듯 제이크 역시 세상의 근심, 걱정을 모두 짊어지고 가는 사람마냥 어두운 표정이었다.

"박사님, 잠깐 시간 좀 내주실 수 있을까요? 꼭 조언을 들었으면 하는 일이 있습니다."

정중하게 말을 건네는 그는 한눈에도 예의 바른 청년이지만 그의 목소리는 가늘게 떨리고 있었다. 긴장한 것처럼 보이기도 하고 그만큼 간절해 보이기도 했다. 나는 흔쾌히 그의 요청을 받아들이며 시간약속을 잡았다. 지혜로워 보이는 이 청년에게 대체 어떤 문제가 생긴 것인지 궁금해졌다.

한 번의 거절이
큰 화를 불러오다

며칠 후 제이크가 날 만나러 왔을 때 그의 표정은 한층 어두워져 있었다. 무겁게 입을 떼기 시작한 그는 자기의 현재 상황을 차근차근 이야기하기 시작했다.

그는 현재 다니고 있는 회사가 대학시절 내내 가고 싶어서 공을 들였던 곳으로, 자신의 첫 번째 직장이라고 했다. 그만큼 회사에 애정을 갖고 있어서 되도록 이 회사에 오래 다니고 싶다고 했다.

"그런데 문제는 제 직속상사 사만다에요. 저는 정말 그녀를 어떻게 대해야 좋을지 모르겠어요."

"사만다가 어떤 사람이기에 그러는 거죠?"

"사만다는… 그냥 보면 밝고 상냥한 사람이에요. 저를 무척 살뜰하게 챙겨주고 회사의 모든 사람들에게도 친절하게 굴어요."

"그런데 뭐가 문제죠?"

제이크는 크게 한숨을 쉬더니 말을 이어갔다.

"처음에는 좋았어요. 좋은 회사에 들어와 좋은 상사를 만났다 싶었죠. 입사하고 나서 한 달 정도는 제 옆에 꼭 붙어서 업무를 하나하나 알려줬을 정도였으니까요. 덕분에 급속도로 가까워져서 회사가 끝나고 난 다음 함께 식사를 한 적도 많았습니다. 물론 연애감정을 갖거나 한 건 아니었고요."

"음……. 사만다도 같은 생각이었을까요?"

"기분이 순식간에 변하는 것 같아요. 잘해주다가도 갑자기 토라져서 말을 잘 안 해요." "남자에 대한 피해의식이 있나 봐요. '내가 여자라서 무시하는 건가요?'라는 황당한 말을 들은 적도 있다니까요."

이러한 불평들이 터져 나오는 이유는 단순히 남자와 여자가 근본적으로 다른 성격을 갖고 있어서이기 때문만은 아니다. 여자상사들이 예민하게 구는 데는 다 그만한 이유가 있다.

"글쎄요. 모르겠어요. 제 생각엔 사만다가 절 이성으로 보진 않았을 것 같아요. 그녀는 저보다 열 살 정도 나이가 많거든요."

"그건 모르는 일이지요. 아무튼 이 이야기는 나중에 하기로 하고, 엇갈린 사랑 문제도 아니라면 대체 뭐가 문제였나요?"

"제가 점점 사만다를 부담스러워하기 시작했다는 게 문제의 시작이라고 하면 시작이죠. 회사에 들어오고 나서 데이트하는 여자가 생기기도 했고 어느 정도 업무에 익숙해지기도 했고…. 더 이상 회사를 마치고 나서까지 사만다를 만나고 싶지 않았어요. 그래서 제가 슬슬 그녀를 피하기 시작하니까 그녀 표정이 점점 나빠지더군요. 약간 날카로워진 것 같기도 했고요. 그래서 어떻게 하면 좋을까 싶어 박사님 세미나에 찾아간 거였습니다."

"그랬군요."

"그런데 세미나 다음날 정말 큰일이 터졌어요. 사만다가 회사 끝나고 같이 저녁을 먹자고, 그 다음에 거래처에서 주관하는 공연에 함께 가자고 했는데 제가 우물쭈물하다가 거절을 했거든요. 사만다는 웃으면서 몇 번 더 저를 설득했는데 저도 좀 짜증이 나서 싫다고 단호히 말했어요. 그녀는 놀라는 눈치였어요. 잠깐 파르르 떠는 것 같더니 괜찮은 척 억지 미소를 짓고 곧장 가버리더군요. 바로 그 다음날부터 저를 괴롭히기 시작한 겁니다."

이후 제이크가 한 이야기는 듣기만 해도 민망하고 거북했다. 사만다는 제이크가 말을 걸 때마다 눈도 쳐다보지 않고 알아들을 수도 없을 만큼 작은 목소리로 대꾸했다고 한다. 제이크가 낸 보고서를 거들떠보지도 않고 계속 다시 해오라고 하는 것은 기본, 제이크에게 그간 시키지 않던 자질구레한 일을 몰아주었고, 다른 직원들이 다 보는 앞에서 망신을 주기도 했다.

제이크는 사만다가 신경이 쓰여 견딜 수가 없었다. 관계를 회복하기 위해 저녁을 사겠다고 제안했지만 사만다는 단칼에 거절했고, 결국 참다못한 제이크가 어제는 대놓고 물어보기까지 했다는 것이다.

"혹시 지난번에 제가 공연에 같이 가지 않아서 화가 나신 건가요? 그때는 제가 선약이 있어서 어쩔 수 없이⋯."

"내가 고작 그런 일 가지고 뭐라고 하는 사람으로 보여요? 사람 잘못 봤네. 제이크에게 실망인걸요?"

쿨한 척, 정말 아무렇지 않다는 듯 이야기하는 사만다의 모습에 제이크는 할 말을 잃었다.

여자상사와의 관계가 어려운 이유

남자직장인들 가운데 유독 여자상사와 일하는 게 힘들다고 말하는 사람들이 많다. 그들이 하는 이야기를 들어보면 대부분 다음과 같다. "너무 예민해서 무슨 말을 해야 할지 모르겠어요." "기분이 순식간에 변하는 것 같아요. 잘해주다가도 갑자기 토라저서 말을 잘 안 해요." "남자에 대한 피해의식이 있나 봐요. '내가 여자라서 무시하는 건가요?'라는 황당한 말을 들은 적도 있다니까요."

이러한 불평들이 터져 나오는 이유는 단순히 남자와 여자가 근본적으로 다른 성격을 갖고 있어서이기 때문만은 아니다. 여자상사들이 예민하게 구는 데는 다 그만한 이유가 있다.

우리 사회에는 아직도 유리천장이라는 말이 있을 정도로 여성이 더 높은 직위로 올라가는 데 보이지 않는 장애물이 존재한다. 여성이 그 장애물을 뚫고 올라갔다는 사실은 그녀가 남보다 훨씬 커다란 노력을 했으며, 그 노력의 결과를 나름대로 인정받아왔다는 것을 의미한다. 때문에 어느 정도 높은 지위에 오른 여자들은 같은 지위의 남자들에 비해 자부심이 남다를 수 있다.

자부심이 강한 사람일수록 거절 받는 데 익숙하지 않다. 사만다 역시 한참 어린 부하직원에게 거절을 당했으니 당황스럽기도 하고 황당하기도 했을 것이다. 물론 이것을 그럴 수도 있는 당연한 일로 받아넘겼으면 좋았겠지만 불행히도 강한 자부심은 권위의식과도 직결되는 측면이 있다. 사만다는 분명 '감히 내 제안을 거절해? 내가 누굴 위해 이런 건데?'라는 생각을 했을 것이다.

이때 한 가지 더 염두에 두어야 할 사실은 남자든 여자든 크나큰 노력으로 모종의 성과를 이뤄낸 사람들은 보통 일에 신경을 덜 쓰는 사람의 입장을 잘 이해할 줄 모른다는 것이다. 자수성가한 타입

중에 이런 사람들이 많은데, 이들은 일보다 사생활을 우선시하는 사람들의 입장을 전혀 배려하지 않으며 자기의 성공담만을 강조하면서 모두가 일에 집중해야 한다고 생각하는 경향이 있다. 퇴근 후에도 일의 연장이 될 수 있을만한 스케줄을 제이크에게 제안한 사만다 역시 이러한 인식을 가지고 있을 가능성이 높다.

마지막으로 생각해야 할 점은 남자직원과 여자상사가 일을 할 때에는 어떤 식으로든 묘한 성적 긴장감이 흐르게 되어 있다는 사실이다. 이것은 서로 다른 성을 가지고 있는 사이에서라면 기본적으로 생겨날 수밖에 없는 일이기도 하다. 따라서 사만다는 제이크에게 상사입장에서 거절을 당하기도 했지만, 동시에 여자입장에서 거절을 당하기도 한 셈이다. 그러니 자존심 상했다는 기분이 두 배로 커졌을 것이다.

정면돌파는 위험하다
열쇠는 '인정 – 칭찬 – 감사'

나는 제이크에게 위와 같은 이야기를 차근차근 들려주었다. 제이크는 고개를 끄덕이면서 마침내 사만다가 왜 그랬는지 그리고 그녀가 어떤 심정이었을지 알겠다고 이야기했다.

"그런데 박사님, 사만다를 이해하긴 하겠는데요. 그렇다고 제가 그녀의 페이스를 계속 맞출 수는 없는 노릇 아닙니까? 저는 회사를 마치고도 사만다를 만나고 싶진 않습니다. 하지만 지금처럼 늘 그녀의 눈치를 보면서 긴장한 채로 직장생활을 하고 싶지도 않아요. 어떻게 하면 좋을까요?"

감정공격자들이 우리를 공격하도록 내버려두면 우리는 '감정노동'을 하게 된다. 감정노동이란 UC버클리대학교의 러셀 혹스차일드Arlie Russell Hochschild 교수가 처음 한 말로 자신의 감정을 조절하고 조직의 규칙을 잘 따르는 사람들에게 필요한 에너지와 의도적인 노력을 의미한다. 원래 이 용어는 사람을 상대하는 서비스직종의 사람들에게 쓰는 말이지만 사실 넓게 보면 쓸데없이 감정을 소모하게 만드는 직장 내 모든 일들에 해당한다고도 볼 수 있다.

회사에서는 어떤 상황이 닥치더라도 우리가 항상 친절하고 공손하고 예의바르기를 기대한다. 하지만 아무리 친절교육을 받더라도 동료, 상사, 고객이 불합리하고 부당하게 행동하면 감정을 적절히 조절하기가 힘들어진다. 이럴 경우 결과적으로 고객에게 제공하는 서비스의 수준이 떨어지거나 스스로의 직업만족도가 낮아지는 부정적인 영향이 생겨난다.

따라서 제이크가 사만다에 대해 계속 더 많은 신경을 쓰게 된다면 회사 입장에서도 손해, 제이크 자신에게는 더 큰 손해가 될 것이다. 그러니 제이크는 먼저 '결국 신경 써봤자 내 손해'라는 생각을 마음속에 강하게 심어놓아야 한다. 나아가 '사만다는 자존심이 상해서 저러는 것이고 여자로서 그 자리에 오르기까지 얼마나 고생을 했기에 그럴까'라는 이해의 시각도 가질 필요도 있다.

그 다음에는 사만다와의 관계를 잘 가꿔가기 위해 지혜를 발휘해야 한다. 먼저 제이크는 더 이상 이번 일을 가지고 사만다와 풀어보려는 시도를 하지 않는 쪽이 낫다. 사만다는 제이크가 이 문제에 대해 정면으로 이야기하려고 했을 때 전혀 그럴 의사가 없다는 것을 분명히 했다. 자기가 그렇게 속 좁은 상사가 아니라는 어필을 한 셈이므로 제이크는 이를 그저 있는 그대로 믿고 넘어가야 한다.

부하직원들이 흔히 저지르는 실수 중의 하나가 상사와 있었던 크고 작은 갈등이나 충돌경험을 반드시 짚고 넘어가려 한다는 것이다. 상사의 성격에 따라 그런 부분을 일일이 따지는 사람도 있긴 하다. 그런 상사라면 이야기가 나왔을 때 잘 응해주면 된다.

하지만 굳이 상사가 들추려 하지 않는 일을 풀고 가겠다고 이야기를 꺼내는 사람은 그야말로 눈치가 없는 부하직원이다. 상사가 그 이야기를 하지 않는다는 것은 그 경험을 말하는 것이 굉장히 자존심 상하는 일이거나 그 경험을 그렇게 중요하지 않은 일이라고 여긴다는 것을 뜻한다. 따라서 조금 답답하다는 생각이 들지 모르지만 상사가 먼저 이야기하지 않는 이상 지나간 문제를 다시 꺼낼 필요가 없다는 사실을 명심하자.

또 하나, 이후 사만다가 계속 불편하게 대한다 하더라도 제이크는 웃으며 리더로서 사만다가 가진 능력을 은근히 칭찬해주는 한편 말끝마다 꼭 "감사합니다"라고 덧붙이는 작전을 펼 필요가 있다. 사만다가 보고서에 대해 계속 지적할 경우에는 "네, 얘길 들어보니 제가 보고서를 잘못 쓴 것 같네요. 어느 부분을 어떻게 고쳐야 할지 이제 확실히 알 것 같아요. 역시 대단하세요. 애정 어린 조언 감사합니다"라는 식으로 '인정-칭찬-감사'의 수순으로 겸손하게 말하면 된다.

또한 남자 상사를 대할 때보다 사만다를 대할 때 더 깍듯하게 대하는 것이 좋다. 사만다가 제이크에게 퇴근 후에도 함께할 것을 계속 요청한 것은 어쩌면 제이크가 사만다를 너무 편하게 여겨 공적인 관계의 선을 확실히 긋지 못한 탓도 있을 것이다. 제이크가 사만다를 다른 남자상사에 비해 더 깍듯하게 대한다면 사만다는 제이크가 자신을 인정해준다는 생각에 기분이 좋아지는 한편, 둘 사이가 확실히 '상사-부하직원'의 관계로 인식될 것이다. 따라서 사만다의 기분을 거스르지 않으면서 그녀와 너무 가까운 사이가 되지 않아도 되는 일석이조의 효과를 누릴 수 있다.

물론 시민다가 손바닥 뒤집듯 확 달라질 일은 없다. 제이크는 사만다의 기분을 잘 살피면서 앞으로도 잘 처신해야 할 것이다.

하지만 '사만다가 내게 왜 이렇게 구는 것일까'라는 질문에 해답을 찾은 것만으로 제이크는 마음이 편해졌다고 했다. 아마 상대의 마음을 이해하는 순간, 상대가 쏟아내는 부정적인 말과 행동이 내게 그리 큰 상처를 주지 않기 때문일 것이다. 사람 사이에서 이해란 이렇게나 중요한 일이다.

감정 지키기 연습4   이해하고 칭찬하고 감사하고, 무엇보다 깍듯하게 대하라

1. 여자상사의 말과 행동이 사사건건 나를 괴롭힌다면, 제일 먼저 그녀가 왜 그렇게 예민할 수밖에 없는지를 고민해보라. 여자로서 그 자리에 오르기까지 쏟아온 그녀의 커다란 노력을 인정하고 이해해줄 필요가 있다. 이해를 하게 되는 순간 그녀의 기분 나쁜 말과 행동이 그렇게 큰 상처로 다가오지 않음을 느낄 수 있을 것이다.
2. 여자상사와 부딪친 사건이 있었다면 그녀가 먼저 말을 꺼내지 않는 이상 그 일을 두 번 다시 언급하지 말자. 그녀는 그 사건을 다시 얘기하는 것 자체가 자존심 상하는 일로 느껴질지 모른다.
3. 여자상사가 무엇을 지적하든 '인정-칭찬-감사'의 순으로 이야기하라. 그녀의 지적이 온당하며 나에게 큰 도움이 되었음을 인정하고, 이렇게 중요한 이야기를 해준 그녀가 정말 베테랑이라는 생각이 든다는 점을 짚은 후, 그녀가 준 이 도움을 정말로 감사하게 생각하고 있음을 전하라. 진심으로 하는 이야기를 고깝게 듣고 꼬투리 잡는 사람은 거의 없다.
4. 노력을 했는데도 트러블이 지속된다면 '대체 그녀가 왜 내게 그런 말을 했을까?'를 생각하라. 단순히 내가 잘못을 해서라든가 그날 기분이 안 좋았기 때문이라는 판단이 들면 문제는 쉬워지지만, 복잡한 요인이 있다고 판단되면 주변여성에게 조언을 구하는 것도 좋다.

3초 법칙 활용법

여자상사의 감정공격을 받았을 경우에는 3초간 스스로에게 질문을 던지는 대신 상대를 인정하는 말부터 하라. 상대의 감정공격이 가벼운 수준일 경우 보통 이 정도에서 문제는 정리된다.

05 일부러 제 신경을 박박 긁는 것 같아요

전략적 인정으로 응수하라

내 친구 사라는 중요한 프레젠테이션을 앞두고 있었다. 큰 주문 건을 따내기 위해 바이어 앞에서 최고의 제안을 해야만 하는 상황이었다. 이 바이어들은 이미 경쟁업체의 프레젠테이션을 듣고 온 상황이었다.

당연히 사라의 팀은 이 건을 성사시키기 위해 견고한 작전계획을 짰다. 경쟁사에 비해 사라의 회사는 제품 단가가 높은 편이었다. 대신 품질 면에서는 따라올 자가 없었다.

"이 바이어들은 굉장히 점잖고 매너 좋기로 업계에 소문이 자자해. 그러니까 우리의 강점인 품질을 부각시킬 수 있는 내용 위주로 프레젠테이션을 진행하고, 되도록 가격이야기를 할 때에도 경쟁사 이야기를 빼고 우리 입장만 진정성 있게 전달하자고. 괜히 경쟁사

이야기를 꺼냈다가 안 좋은 말 나오면 우리에게 득이 될 게 없을 거야. 혹시나 경쟁사 이야기가 나오면 내가 적당히 끼어들어서 처리하지."

팀장의 이야기에 모두가 수긍했다. 그날 회의에서 프레젠테이션 진행자로 낙점된 사라는 계획대로 타사와의 비교 대신 자신 회사의 장점을 더욱 강조해서 이야기하기로 마음먹었다.

전략적 감정공격에 휘말리다

마침내 숨 막히는 프레젠테이션이 시작되었다. 사라는 긴장을 감춘 채 시종일관 여유 넘치는 웃음과 자신 있는 태도로 준비한 프레젠테이션을 성공적으로 진행해나갔다. 바이어들의 표정 역시 만족스러워 보였다.

그런데 약간 얼굴을 찌푸린 바이어 한 명이 사라의 설명이 채 끝나기도 전에 날카로운 질문을 던졌다. 원래 이번 프레젠테이션에 참석하기로 했던 인사가 빠지면서 대타로 들어온 사람이라고 했다.

"경쟁사는 가격이 10퍼센트 정도 낮던데, 이 부분에 대해서는 어떻게 생각하시죠?"

팀장이 끼어들려는 기색이 보이자 사라는 가볍게 웃으며 이 정도는 본인이 처리할 수 있다는 신호를 보냈다.

"말씀드린 것처럼 저희 회사 제품은 품질이 매우 좋습니다. 최고급 소재를 사용하고 있기 때문에 단가가 조금 높은 것이 사실이지만 이 시장의 소비자들 특성으로 미루어 볼 때 이 정도 가격차이는 크게 문제 되지 않을 거라 생각합니다.

그러나 그 바이어는 다시 얼굴을 찌푸린 채 질문을 이어갔다.

"흠…. 품질이 중요한 거야 당연한 말입니다. 그런데 어제 경쟁사 프레젠테이션을 보니 그쪽에서 사용하는 소재가 그렇게 질적으로 떨어지는 것 같지 않던데요? 오히려 그쪽은 공장을 해외에 아웃소싱으로 운영해서 인건비 단가를 낮춘다고 합니다만."

"그 회사에서 쓰는 소재와 저희가 쓰는 소재는 정말 질적으로 차이가 큽니다. 양쪽 소재의 원가표만 보셔도 알 수 있으실 텐데요."

"아, 글쎄 원가표도 봤다니까요. 제가 보기엔 이쪽에서 터무니없이 단가를 높인 것 같은데…. 한 5퍼센트 정도만 높았어도 제가 말을 안 했겠죠. 왜 여기는 공장을 아웃소싱으로 운영하지 않으십니까?"

"인력에도 질적 차이가 있으니까요. 저희는…"

"질적 차이라니, 하! 이보세요. 똑같이 두 손, 두 발 달린 사람들이 똑같은 기계를 돌려서 하는 일인데 무슨 질적 차이가 나요?"

이건 미처 예상치 못한 일이었다. 점잖기로 소문났다는 이 바이어 팀에 이렇게 막무가내로 공격적인 사람이 들어왔을 줄 누가 알았겠는가. 바이어의 공격이 당황스럽기도 하고 창피하기도 했던 사라는 자기도 모르게 목소리가 조금 빨라지고 톤도 높아지고 있었다. 그녀는 대화에 끼어들려는 팀장의 이야기까지 잘라버리며 흥분한 채 말을 이어갔다.

"모르셔서 하는 말씀이에요. 그쪽 회사에서 해외에 아웃소싱 돌리는 공장 말인데요. 제 친구네 회사에서도 그 지역에 아웃소싱 업체를 두고 있는데 인건비가 그 정도로 싸지 않아요. 틀림없이 거긴 미성년자를 고용했을 거예요. 구린 구석이 있는 게 틀림없다고요! 그리고 원가표를 보셨다고요? 말도 안 돼요. 그쪽에서 원가표를 조작했나 보죠!"

바이어들의 표정이 어두워지고 있었다. 사라는 상대가 날린 뜻밖의 감정공격에 자기 페이스를 잃은 나머지 계획과는 정반대로 프레젠테이션을 이끌어가고 있었던 것이다.

어색한 분위기 속에서 프레젠테이션이 끝난 후 팀장이 사라에게 다가왔다.

"사라, 대체 무슨 짓을 한 거야?"

"……."

"우리 강점을 부각해서 이야기하고 경쟁사 약점은 이야기하지 않기로 했던 거 기억 안 나?"

"… 기억납니다."

"그런데 왜 그런 비겁한 얘길 한 거지?"

"그 막돼먹은 녀석이 절 가로막아서 그만……."

팀장은 흥분을 가라앉히고는 곧 사라가 어떤 실수를 저질렀는지 설명해주었다. 그녀가 계획한 작전을 따르지 않았다는 게 요지였다. 그녀는 자사 제품의 강점을 부각해서 설명을 하면 그만이었다. 팀장에게는 이 건에 대한 전권이 있었으므로 경쟁사에 관한 질문을 그가 받았다면 단가를 조금 깎아주거나 하는 식으로 거래를 마무리했을 것이었다.

전략적 인정으로 응수하라

나중에 안 사실이지만 바이어들은 처음부터 사라의 회사와 계약을 할 작정이었다. 다만 좋은 조건으로 계약을 하기 위해 일부러 그 회사에서 가장 거침없는 사람을 참여시켰던 것이었다. 결국 팀장이 그쪽 바이어들에게 개인적으로 찾아가 여러 번 미팅을 거친 끝에 사라의 회사는 당초 제시한 단가에서 15퍼센트를 낮춰 납품을 하게 되었다. 그야말로 참패였다.

살다 보면 별 생각 없이 다른 사람에게 부정적인 감정을 던지는 사람도 있지만 때로는 이득을 취하기 위해 일부러 상대의 감정을 전략적으로 자극하는 사람들이 있다. 비즈니스에서는 물론이거니와 스포츠경기에서도 이러한 사람을 흔히 찾아볼 수 있다.

전략적 감정공격으로부터 스스로를 보호하기 위해서는 '겸손'

이라는 단어를 기억해야 한다. 상대의 이 정도 공격 따위는 내가 해결할 수 있다고 생각한 약간의 자아도취가 사라의 비극을 부른 것임을 잊어서는 안 된다.

상대의 공격을 받고 나서 방어를 해야겠다는 생각이 무의식적으로 들거든, 일단 상대의 말을 인정하는 겸손을 발휘하라. 이것을 '전략적 인정'이라고 한다.

이를테면 이런 것이다. "왜 여기는 공장을 아웃소싱으로 운영하지 않으십니까?"라고 몰아세우는 바이어의 이야기에 사라는 "네, 이사님 말씀이 맞습니다. 아웃소싱으로 운영을 하게 되면 인건비가 내려가게 마련이지요"라고 일단 인정한 후 "하지만 저희가 아웃소싱 업체를 이용하지 않는 데는 다른 이유가 있답니다. 이 부분에 대한 이야기는 아무래도 저희 팀장님께서 더 정확히 말씀드릴 수 있겠네요"라고 하며 자연스럽게 발언권을 넘겼어야 했다.

상대의 말을 인정해야 하는 이유는 간단하다. 첫째, 나의 화를 돋우려는 상대의 공격을 한풀 꺾고, 둘째, 상대에게 좋은 인상을 심어 주어 앞으로의 대화를 부드럽게 이어갈 수 있으며, 셋째, 이후 어떤 반응을 보여야 하는지 머릿속으로 재빨리 계산할 시간을 벌 수 있기 때문이다.

웃으며 상대의 말을 인정하는 멘트를 하는 동안 재빨리 내가 과연 무엇에 주목해야 하는지, 또 무엇에 집중하고 싶은지에 대해 생각해보라. 또한 원래 어떤 방향으로 대화를 이끌어가려고 했는지,

이 대화의 궁극적인 목표가 무엇인지에 대해서도 상기해볼 필요가 있다. 뜻하지 않은 감정공격에 휘말려 자신의 페이스를 잃어버리면 절대 안 된다.

결함을 지적당할 때마다 스스로를 변호할 필요는 없다. 상대가 아무리 공격을 해와도 여유 있게 지적을 인정한다면 그것은 스스로가 상대의 지적에 크게 신경 쓰지 않으며, 오히려 그 지적에 큰 의미가 있는 것이 아님을 보여준다. 인간관계에서나 비즈니스관계에서나 정말 중요한 부분이 무엇인지부터 생각하고 그 부분에 집중해야 한다.

상대가 여러분의 방어기제를 작동시키도록 내버려둔다는 것은 곧 여러분이 계획된 작전을 포기한다는 것과 같은 뜻이다. 상대의 꾐에 빠져 자기 몫이 아닌 싸움에 말려든 나머지 원래 수행하기로 했던 작전이 아닌 다른 것에 에너지를 낭비한다면 그 결과가 어떻게 될지는 불 보듯 뻔한 일이다.

중요한 문제에 주의를 집중하기 위해서는 자아도취에 빠져선 안 된다. 내 앞길을 가로막으며 방해하는 감정공격자에게 반격을 가하고 싶은 유혹도 뿌리쳐야만 한다. 공격자에게 반격을 가하면서가 아니라 공격자를 무시하면서 만족하는 사람이 진짜 고수라는 사실을 잊지 마라. 나아가 고수의 가장 큰 미덕은 겸손임을 더불어 기억할 필요가 있다.

감정 지키기 연습5 — 전략적 감정공격에는 전략적 인정으로 응수하라

1. 비즈니스나 스포츠경기 등 경쟁관계와 이해관계가 얽힌 자리에는 언제든 당신의 계획을 방해하는 감정공격자들이 존재한다는 점을 명심하라.
2. 전략적으로 감정공격을 퍼붓는 상대에게는 역시나 '전략적 인정'으로 응수하는 것이 좋다. 상대가 나의 신경을 자극하는 말을 꺼낼 경우 분통이 터지더라도 일단은 부드럽게 웃으며 인정하라. 가격이 비싸다고 툴툴대는 손님에게는 "그렇긴 하죠"라며 맞장구를 쳐주고, "어이, 연습했다면서 실력이 고작 그 정도야?"라고 약을 올리는 상대 팀 라이벌 선수에게는 "내가 이번 주에 연습을 몇 번 쉬긴 했지"라며 쿨하게 인정해줘라. 그게 어디 쉬운 일이냐고? 노발대발 흥분하며 판을 망칠 셈인가? 당신은 누가 진짜 고수인지 보여줄 필요가 있다.
3. 전략적 인정을 하는 동안 원래 집중하려 했던, 정말로 중요한 부분이 무엇인지 재빨리 기억해내라. 그리고 계획대로 침착하게 말과 행동을 이어가라. 최후에 웃는 자는 바로 당신일 것이다!

3초 법칙 활용법

이해관계가 얽힌 상대에게서 느닷없이 감정공격을 받는다면, 3초간 '이것이 전략적 감정공격은 아닐까?'에 대해 질문하라. 그렇다는 생각이 들면 앞의 감정 지키기 연습대로 하라. 아니라는 생각이 들면 곧바로 2단계인 미소 짓기로 넘어가면서 상대를 무시해버려라.

너무 무기력한 사람이라 저까지 힘이 빠집니다

06

교묘하게 자존심을 건드려라

"이번 신작게임의 온라인 프로모션계획을 제롬과 모건, 자네 둘이서 주도적으로 짜보게."

제롬은 뛸 듯이 기뻤다. 게임회사 마케팅팀에서 일하는 신입사원에게 이보다 더 좋은 기회는 없을 것이었다. 의욕과 아이디어가 넘치는 제롬은 입사한 지 얼마 안 되었을 때부터 두각을 나타냈다. 그러다 마침내 이번에 까마득한 선배사원인 모건과 짝을 이뤄 중차대한 임무를 맡게 된 것이다.

"정확히 석 달 후에 신작이 출시될 걸세. 개발부에 문의해서 미리 게임특징 알아보고, 이에 맞는 프로모션계획을 세워서 한 달 후에 보고해주게."

부장은 제롬과 모건을 번갈아 쳐다보며 신뢰의 눈빛을 보내주었다. 그런데 미소가 가득한 제롬과 달리 모건은 표정이 약간 일그러진 기색이었다.

자기 생각이 없는
선배와 일한다는 것

"선배, 그럼 제가 개발부 가서 이번 신작게임 시나리오부터 받아올까요?"

"아, 뭐……. 그러든지. 그런데 제롬, 그거 알아?"

"네? 뭘요?"

"이게 원래 우리 일이 아니었다는 거. 마케팅 2팀에서 해야 할 일인데 거기 지금 진행하고 있는 일이 틀어져서 이 일을 맡을 여력이 없어졌다나 봐."

"그랬군요. 2팀에는 죄송한 일이지만 아무튼 우리에겐 잘 된 일이네요. 이렇게 큰 프로젝트 맡기가 쉽지 않잖아요."

모건은 제롬의 이야기에 좀 당황하는 눈치였다. 무슨 말을 할 사람처럼 머뭇거리던 그는 바로 자리를 일어섰다.

"뭐, 그렇지. 나 먼저 가볼게."

제롬은 모건의 태도가 좀 이상하다고 생각했지만 크게 신경 쓰지 않았다. 하지만 진짜 문제는 이제부터 시작이었다.

모건은 도무지 회사에 왜 다니는지 이해가 되지 않는 사람이었다. 평소 모건이 좀 나른하면서도 유순한 사람이라고만 생각했던 제롬도 이번에 본격적으로 한 팀이 되고 나서야 그가 얼마나 무기력한지를 알 수 있었다. 그야말로 구제불능이었다.

"선배, 제가 메일로 보낸 시나리오 다 보셨어요? 우리 언제 아이디어회의 할까요?"

"음, 그게…. 아직 메일을 못 열어봤어. 회의는 다음 주에 할까?"

"다음 주요? 그럼 보고서 쓸 시간이 없을 것 같은데요. 늦어도 이번 주 금요일에는 해야 할 것 같아요."

"그래, 그럼……."

제롬은 모건이 자꾸 뒤로 빼는 것 같아 의아해지기 시작했지만 본격적으로 계획을 짜다 보면 태도가 달라질 거라고 생각했다.

마침내 금요일, 아이디어회의를 하는 날이었다.

"제가 지금까지 뽑은 아이디어 정리해온 거예요. 먼저 이 리스트는 우리가 제휴하면 좋겠다 싶은 업체들만 모아놓은 겁니다."

제롬은 준비한 자료를 모건에게 내밀며 차근차근 설명하기 시작했다. 하지만 모건은 듣는 둥 마는 둥 딴청을 피우는 것 같았다.

"선배, 듣고 있어요?"

"응? 그럼, 그럼. 계속해봐."

"전체적인 방향은 제휴에 치중해서 홍보비 절감하고 이미지 좋은 업체 덕도 보고 일석이조를 노리자는 거예요. 제가 준비한 건 여기까진데 선배가 가져온 아이디어도 말씀해주세요."

화내고 짜증 부리고 괴롭히는 사람들을 웃으며 무시하는 법

"아, 난……. 제롬이 준비를 잘해왔네, 뭐. 그냥 이대로 하면 되지 않을까?"

"…… 선배, 혹시 이 프로젝트 하기 싫으세요? 무슨 이유라도 있는 거예요?"

"응? 아니야. 그냥 하는 거지, 뭐. 힘든데 우리 커피 한 잔 하고 할까? 내 와이프가 이번에 출장 다녀오면서 기가 막힌 커피를 사와서 말이야. 커피는 역시……."

제롬은 답답하기 짝이 없었지만 어쩔 수가 없었다. 모건은 정작 해야 할 이야기 대신 커피 이야기에만 열을 올렸다. 그날 회의에 모건은 아무런 준비도 해오지 않았고, 결국 모든 마케팅계획은 제롬의 아이디어를 바탕으로 세우게 되었다. 자신의 아이디어가 전적으로 수용된 것이 자랑스러운 법도 하건만 사실 제롬은 전혀 기쁘지 않았다.

'경력도 없는 내가 이렇게 큰 프로젝트를 혼자 해내고 있다니. 이게 대체 정상이야? 모건은 왜 저러는 거지? 무슨 사람이 만사 귀찮다는 투야. 저런 사람이랑 어떻게 일을 같이 해.'

이후에도 제롬은 거의 혼자서 프로젝트를 진행해나갔다. 모건은 그저 제롬이 열렬히 의견을 말하면 별다른 이의나 새로운 의견을 제시하는 일 없이 그렇게 하자고 했다. 회의 내용을 보고서로 옮기는 작업도 모건은 대충 대충이어서 결국 제롬이 처음부터 다시 할 수밖에 없었다. 제롬은 답답하기만 했다.

무기력한 사람은
따지지 말고 일단 피하라

"정말 어떻게 해야 할지 모르겠어요. 다행히 그 프로젝트는 그럭저럭 선방을 했는데 문제는 회사에서 저희 둘이 호흡이 잘 맞는 것 같다며 곧 이어 더 큰 프로젝트를 주었다는 겁니다. 이제부터 6개월에 걸쳐 진행해야 하는 프로젝트인데 벌써부터 모건과 일을 할 생각을 하니 가슴이 답답해져요."

세미나에서 자기 이야기를 꺼낸 제롬은 말을 하는 동안 점점 목소리가 커졌다.

"이걸 해도 좋다, 저걸 해도 좋다……. 그런 말을 들을 때마다 제 힘이 다 빠져요. 그뿐인가요. 제 아이디어를 고스란히 쓰자고 하고 자기는 한 가지도 제대로 의견을 안 내니 완전히 저한테 묻어가는 거잖아요. 이건 진짜 양심불량 아닙니까? 답답하고 힘 빠지고 억울하기까지 해요."

말을 마친 제롬이 자리에 풀썩 주저앉았다. 정말 그의 말대로 그는 힘이 다 빠진 것 같은 모습이었다.

무기력증만큼 조직을 위험하게 만드는 전염병은 없다. 무기력증은 조직을 감싸던 활기를 빼앗고, 샘솟던 아이디어를 말라붙게 만든다.

무서운 것은 이것의 전염력이 놀랍도록 빠르다는 사실이다. 한 명에게서 시작된 무기력증 바이러스가 조직 전체에 퍼지는 데는 그렇게 오랜 시간이 걸리지 않는다. 이 바이러스가 순식간에 조직 전체에 퍼지고 나면 그 조직이 괴사하는 것은 시간문제가 된다. 만약 제롬이 에너지가 100퍼센트 충전된 신입사원이 아니었다면 아마 좀 더 일찍 그로기상태가 되었을 것이다.

무기력증에 걸린 사람들은 대체로 다음과 같은 말을 많이 쓴다.

> "그렇게 해도 되고, 이렇게 해도 되고…. 난 다 괜찮은데."
> "네 의견이 좋은 것 같으니 그렇게 하지, 뭐."
> "다음에 하자."

위와 같은 말을 많이 하는 사람이 있다면 일단 그 사람은 피하고 보는 것이 좋다. 자칫 잘못했다가는 그에게 전염되어 자기 자신까지 심각한 무기력증에 걸릴 수 있기 때문이다. 반드시 어울려야 하는 사이가 아니라면 상대를 무조건 멀리 하라.

만약 조직 내에서 지속적으로 관계를 유지해야 하는 사람 중에 무기력한 이가 있다면 되도록 그와 일 이야기를 나누지 말고 의식적으로 그의 관심사를 찾아 그것에 대해서만 가볍게 대화를 나누는 편이 낫다. 아무리 무기력한 사람이라도 한두 가지 정도 관심을 두고 있는 대상이 있게 마련이다.

모건 역시 커피 이야기를 꺼내면서 말이 혼자 많아지기 시작했다. 아마 제롬이 모건과 커피 이야기를 하게 된다면 모건은 자신이 언제 무기력증에 걸렸냐는 듯이 재미있는 커피 이야기를 들려줄지도 모른다.

칭찬하거나 책임을 지우거나 자존심을 건드리거나

물론 정말 끔찍한 것은 이렇게 무기력한 사람과 바짝 붙어 앉아 긴밀하게 업무협력을 해야 하는 경우이다. '협력 작업이라고 하는데, 정작 일은 나 혼자 다 한다'고 하는 불만은 대부분 무기력한 사람과 일을 할 때 튀어나오게 마련이다. 제롬 역시 모건 때문에 무기력증에 빠진 것은 물론 억울함과 분노로까지 부정적인 감정이 확대되고 있다.

이럴 경우에는 눈앞에 닥친 일을 망쳐버릴 가능성이 높을뿐더러 제롬 역시 한동안 무기력의 늪에서 빠져나오지 못하는 최악의 상황이 발생할 수도 있다. 회사의 미래를 이끌어갈 촉망받는 신입사원을 한순간에 망쳐버릴 만큼 무기력증은 대단히 큰 힘을 가지고 있는 것이다.

이 힘이 사라지게 만들려면 무기력증에 걸린 상대를 제대로 공략할 필요가 있다.

첫 번째 방법은 칭찬이다. 따뜻한 말로 상대의 마음을 움직여 에너지가 돌도록 만든다는 것이다. 그렇게 뛰어난 의견이 아닐지라도 크게 칭찬해주고 격려해주면 상대는 쑥스러움을 느끼는 동시에 더 칭찬받고 싶다는 마음이 생겨나게 마련이다.

이때 칭찬은 상대를 격려하는 데서 그치는 것이 아니라, 상대가 낸 아이디어를 더 발전시키거나 더 나은 의견을 내도록 유도할 수 있는 것이어야 한다. "온라인 커뮤니티에서 이벤트를 해보자 이거지? 아주 훌륭한 의견이군. 어느 커뮤니티를 공략하면 좋을까?"라거나 "중요한 지적이신 것 같아요. 선배 말처럼 이제 온라인광고 쪽에 더 집중해야 할 것 같아요. 그래서 말인데 요새 이 사이트가 좀 뜨던데 여긴 어떠세요?"라는 식으로, 상대의 의견을 칭찬해주면서 상대가 좀 더 의욕적으로 의견을 낼 수 있도록 분위기를 조성해주어야 한다.

두 번째 방법은 칭찬이 통하지 않을 때, 나아가 칭찬해줄 수 있는 사소한 의견도 내지 않는 막강 무기력증 환자와 이야기할 때 필요한 방법이다. 바로 책임을 지워주는 것이다.

비록 모건이 선배라 하더라도 제롬이 저렇게 일을 도맡아 해서는 안 되는 일이었다. 그것은 제롬의 정신적인 에너지뿐만 아니라 육체적인 에너지까지 빼앗아갈 수 있기 때문이다. 제롬은 조금 부담스럽더라도 모건과 이야기하며 업무분담을 확실히 하고 그에 대한 책임을 분명히 나누었어야 했다. 물론 이때는 서로가 기분 나쁘지 않도록 최대한 정중한 태도를 유지해야 한다.

"선배, 제가 할 수 있는 일은 여기까지인 것 같아요. 더 해보려고 했는데 아이디어도 안 나오고 물리적인 시간도 턱없이 부족해서요. 아무래도 선배가 여기부터 여기까지는 해주셔야 할 것 같아요. 저 좀 책임져주세요!"

아무리 모건이 중증 무기력증 환자라 하더라도 후배가 하는 부탁의 말을 거절하기는 쉽지 않을 것이다. 이 점을 노려라. 명령이 아닌 부탁을 함으로써 상대가 책임의식을 느끼도록 만들어야 한다.

마지막으로 이마저 통하지 않을 때 쓰는 최후의 수단이 있다. 바로 상대의 자존심을 건드려 도발시키는 것이다. 이는 자칫 잘못하면 둘 사이를 굉장히 곤란하게 만들 수 있기 때문에 신중하게 접근해야 하는 방법이다.

> "그 동안 선배가 크게 성공시킨 프로젝트가 뭐 있어요?"
> "그, 그건 왜?"
> "아, 어떻게 하셨나 궁금해서요. 그런 경험이 있으시면 이번 작업에도 참고할 수 있잖아요."

상대가 지금껏 성공했던 경험이 얼마나 있었는지를 물어보되, 이번 작업에 참고하려 한다고 단서를 달아라. 무기력증에 걸린 상대에게 성공경험이 있을 리 만무할 텐데 이런 질문을 들으면 아무리 물렁한 사람이라도 찔리거나 발끈하게 되어 있다. 물론 절대 발끈한 티를 낼 수는 없을 것이다.

> "옆 팀에서는 지난번 프로젝트 성공시켜서 인센티브 받았대요."
> "아, 그래?"
> "우린 매번 깨지기나 하고. 아, 나도 인센티브 한 번만 받아봤으면 좋겠다."
> "인센티브야 뭐, 잘하면 받겠지."
> "그 팀 사람들은 좋겠네요, 정말. 이번 휴가 때도 어디 좋은 데 가겠죠? 부러워라."

이런 식으로 은근히 신경 쓰이는 말을 계속해서 던져라. 상대는 지금 물에 젖은 솜처럼 푹 퍼져 있다. 이 솜을 어떻게 해서든 꾹꾹 짜고 말려서 다시 활짝 펴지게 만들어야 한다.

이렇게 하는 데에는 많은 에너지가 소비되지만 다행히 이렇게 상대를 북돋는 과정에서 나 자신의 페이스를 잃지 않게 된다는 장점이 있다. 즉 상대에게 신경 쓰느라 본인이 무기력증에 빠질 일은 결코 없을 거라는 이야기이다.

물론 무기력증에 걸린 사람을 만나면 피하는 것이 상책이다. 그냥 무시하는 것이 최선이다. 꼭 필요한 경우가 아니라면 이들을 공략하는 데 적지 않은 에너지를 쓸 이유가 없지 않겠는가? 다만 부득이한 이유로 이들과 밀착된 관계를 만들어야 할 때, 함께 무언가를 해야 할 때에는 어쩔 수 없이 이들을 효과적으로 공략해야 한다. 무시 혹은 공략. 이것이 무기력증 환자들에 대한 답인 셈이다.

감정 지키기 연습6 　무기력한 사람은 무시하거나 자존심을 건드려라

1. "난 다 괜찮은데" "네 말대로 하자" "다음에 하지"라는 말을 입에 달고 다니며 자기 의견을 일체 내지 않는 무기력증 환자가 주변에 있는가? 이런 이들은 뒤도 돌아보지 말고 피하라. 되도록 이들과는 관계를 맺지 않는 것이 좋다.
2. 이들을 변화시키려 한다면 먼저 칭찬전략을 써라. 상대의 사소한 의견에도 크게 반응을 하면서 칭찬을 해주는데, 이때 상대가 의견을 더 구체화시키거나 더 나은 의견을 낼 수 있도록 유도하면서 칭찬해야 한다.
3. 칭찬전략이 통하지 않으면 상대에게 책임이 있음을 명백히 하라. 또한 상대의 자존심을 건드려라. 상대가 대놓고 화를 낼 수 없게끔 말을 돌려가며, 의중은 딴 데 있는 양 이야기해야 한다. 우리의 목적은 상대를 비난하려는 것이 아니라 상대를 도발하여 원하는 결과를 얻는 데 있다는 사실을 잊지 말아야 한다.

3초 법칙 활용법

무기력한 상대 때문에 화가 머리끝까지 치솟을 것 같다는 생각이 들 경우 3초간 '내가 지금 무슨 말을 한다고 해서 이 사람이 달라질까?'에 대해 먼저 자문하라. 아니라는 판단이 들면 2단계인 미소 짓기로 넘어간 다음 이후에는 그냥 상대를 피하거나 무시하라. 달라진다는 판단이 들면 감정 지키기 연습 2번, 3번대로 하라.

07 말 통하지 않는 그 사람 때문에 지쳤어요

대화는 타이밍의 문제다

우리 인생에는 마음을 할퀴어대는 온갖 감정공격자들이 드나들고 있다. 스치듯 지나치는 수많은 사람들 중에도 감정공격자는 엄연히 존재한다. 이들 중 대부분은 무시하면 그만이지만 문제는 그럴 수 없는 경우이다. 감정공격자들과 함께 일하고 심지어 함께 사는 사람이라면 상황을 전혀 피할 도리가 없다.

이런 사람들은 맨 처음에 나왔던 그 택시기사처럼 그저 미소를 지은 채 상대에게 손을 흔들어주는 것만으로는 충분치 않다고 느낄지 모른다. 무시한다고 해서 문제가 해결되는 게 아니라 더 악화될 수도 있다.

상대가 부모님, 배우자, 연인, 룸메이트, 상사, 고객, 동료 등 여러분이 매일 시간을 함께 보내는 사람들이라면 더욱 그러하다.

상대의 좋은 모습을
알아봐 주어라

에드워드는 아내 캐럴과 결혼한 지 1년이 갓 넘었다. 한창 행복해야 할 신혼부부였지만 에드워드는 하루하루가 지옥 같았다. 도무지 캐럴의 기분을 어떻게 맞춰줘야 할지 답답하기만 했다.

캐럴은 직장에서는 유능한 직원으로, 성격 좋은 동료로 비교적 좋은 평가를 받고 있었다. 그러나 문제는 집에서였다. 그녀는 직장에서 받은 온갖 스트레스를 에드워드에게 풀었다. 피곤하다며 집에 오자마자 소파에 누워 꼼짝도 하지 않는 날도 많았다.

에드워드는 처음엔 사랑하는 아내가 안쓰러워 저녁도 차려주고 마사지도 해주는 등 최선을 다했지만 캐럴은 그런 에드워드의 정성을 전혀 알아주지 않았다. 심지어 에드워드가 말을 걸거나 어깨에 손을 올리기만 해도 그녀는 예민하게 반응했다.

"왜 그러는 거예요? 내가 피곤하다고 했잖아요."

그녀는 잔뜩 짜증이 묻어난 목소리로 말을 뱉어버리고는 에드워드를 쳐다보지도 않고 그냥 누워버렸다. 에드워드는 점점 캐럴에게 지쳐가는 것은 물론 자신을 거부하는 캐럴에게 자기도 모르는 사이에 큰 상처를 받고 있었다.

처음 에드워드가 나를 찾아왔을 때 나는 한눈에도 그가 마음 깊이 병들어 있다는 것을 알 수 있었다. 세상에서 가장 사랑하는 사람에게 받은 깊은 상처는 그를 더없이 우울하게 만들고 있었다.

"문제는 제 마음의 상처가 아니라 아내에요. 전 여전히 그녀를 사랑합니다. 그녀와 헤어지고 싶지 않아요. 하지만 이대로는 단 하루도 더 못 살 것 같습니다. 도대체 어떻게 해야 그녀와 행복하게 지낼 수 있을까요?"

절망적으로 질문을 던지는 그에게 나는 앞서 이야기했던 감정공격자의 특징에 대하여 설명을 해주었다. 그러면서 이렇게 부정적인 감정을 타인에게 쏟아내는 공격자들과 제대로 된 소통을 하려면 한 가지 법칙이 있다는 사실을 일러주었다. 3초 법칙이 내 마음을 기분 좋게 만드는 룰이라면 이 법칙은 우리가 가장 사랑하는 사람들, 중요한 관계에 놓인 사람들과 멋진 관계로 발전시켜가는 데 특히 필수적인 것이다.

"감정공격자들은 분노, 절망, 불안, 실망 등의 감정을 자신은 물론 주변에까지 전염시키면서 온갖 부정적이고 어두운 기분에 휩싸이게 됩니다. 그래도 다행인 점은 이들이 항상 그렇게 부정적인 것은 아니라는 사실이죠. 이들은 아주 잠시 동안만이라도 공격자의 가면을 벗어버릴 겁니다. 가끔은 도움을 줄 때도 있고 관심을 보이거나 친절한 행동, 말을 할 때도 있어요. 바로 그 잠시 잠깐의 순간이 중요합니다. 이들의 가장 좋은 모습을 알아봐 주어야 하니까요."

"그렇다고 해서 캐럴이 달라질까요?"

반신반의하는 에드워드에게 나는 미소를 지으며 내 이야기를 들려주었다.

기다림과 관찰이
기적을 만들다

대학시절 나는 여름방학 동안 P&G의 종이사업부에서 인턴으로 근무한 적이 있었다. 내가 맡은 일은 담당구역의 슈퍼마켓에 종이타월, 화장지, 기저귀 등 우리 회사 제품의 재고가 떨어지지 않도록 물량을 확보하는 일이었다.

매주 나는 제품의 판매량을 증가시킬 새로운 아이디어를 속속 실천해나가며 담당한 가게에 도움이 되는 역할을 잘 해나갔다. 그 덕분에 어떤 점장하고도 탄탄한 인맥을 쌓았지만 웬일인지 한 점장만은 어찌할 도리가 없었다. 담당구역의 열 번째 가게에서 근무하는 점장이 그 주인공이었다.

그는 온갖 핑계를 대며 나를 피했다. 근무 첫째 날에는 가게에 나타난 나를 보더니 그대로 몸을 돌려 뒤쪽으로 나가며, 부점장에게 "이번 주 내내 회의가 있어 바쁘다고 전해"라고 하는 이야기를 듣기도 했다. 그 다음에 찾아갔을 때에는 내가 미처 입을 열기도 전에 마치 아무도 못 보았다는 듯한 태도로 나를 지나쳐버렸다. 이렇게 몇 주 동안 같은 일이 되풀이되었다.

가게를 방문한 때마다 나는 점장과 마주치지 않기만을 빌었다. 하지만 모든 가게의 점장과 이야기를 하는 것이 내 일이었다. 이대로 물러서는 것은 생각할 수도 없었다. 그 점장과 잘 지낼 방법을 찾아내지 못한다면 내 일을 제대로 해내지 못하는 셈이었으니까.

그 주에 회사에서는 종이타월 특가판매를 진행하고 있었다. 내 임무는 우리 광고를 보고 몰려들 손님들의 수요를 예상한 다음 점장을 설득하여 제품을 넉넉히 진열하도록 만드는 일이었다. 나는 매상통로마다 돌아보면서 점장을 찾아다녔다. 내 담당통로인 종이제품 진열코너로 접어들자 점장이 우리 제품을 고객에게 소개해주는 모습이 보였다. 나는 통로 끝에 멈춰 서서 점장의 대화가 끝나기만을 기다렸다.

기다리는 동안 나는 점장이 친절한 사람이라는 생각이 들었다. 전에는 미처 알아채지 못했던 모습이었다. 그 순간이 오기 전까지는 점장을 오직 불친절하고 퉁명스러운 사람으로만 생각했다. 그러나 그 순간 점장은 누가 보기에도 기분 좋게 고객을 돕고 있었.

고객은 제품을 카트에 넣고 고맙다는 인사를 건넨 다음 쇼핑을 계속했다. 바로 그때 나는 점장에게 가까이 다가섰다.

"방금 점장님께서 고객을 어떻게 대하시는지 지켜봤습니다. 가게를 얼마나 아끼시는지 알겠더군요. 고객에게 도움을 주려고 최선을 다하시는 것도 확인했고요. 점장님께서 저를 방해꾼으로 여긴다는 걸 압니다. 저야 점장님의 시간이나 잡아먹는 풋내기 대학생에 불과하니까요. 그래서 점장님께 한 가지 약속을 드리고자 합니다. 점장님의 일손을 덜어드리고 고객들에게 더 나은 서비스를 제공하는 데 필요한 일이라면 뭐든 하겠습니다. 선반에 물건을 채우고 진열하는 일도 마다하지 않습니다. 딱 한 번만 기회를 주시면 제가 어떤 놈인지 보여드리겠습니다."

점장은 내가 말을 하는 동안 그 자리에서 꼼짝도 하지 않은 채 내 말이 끝나기를 기다렸다. 그러고는 이렇게 말했다.

"우리 가게에 나타난 대학생들은 대부분 가게에 조금도 관심이 없었고 나한테도 전혀 신경을 쓰지 않았네. 그저 이력서를 한 줄 더 채우고 여름방학 동안 돈을 좀 모아서 대학으로 다시 돌아갈 생각뿐이었지. 하지만 알아들었네. 자네는 좀 다르다 이거 아닌가. 좋아. 종이타월 상자를 열어서 잘 보이는 데 진열해보게."

돌멩이가 치즈처럼
말랑말랑해지는 순간

"일단 점장과 대화할 기회를 잡고 보니 그 사람이 항상 불친절한 사람은 아니라는 생각이 들더군요. 저는 정말 진심으로 내가 무엇 때문에 점장을 높이 사는지, 내가 얼마나 열성적인 일꾼인지 말해주었습니다. 아마 점장도 내가 진심이었고 내 의도가 선하다는 사실을 알아차렸던 것 같아요. 물론 이후 점장은 내 담당구역에 있는 어느 가게보다 더 많은 물건을 주문해주었습니다."

나는 에드워드를 부드럽게 쳐다보면서 말을 이어갔다.

"이 이야기를 왜 했는지 아시겠습니까?"

"네, 알 것 같아요. 돌멩이가 치즈처럼 말랑말랑해지는 순간을

아무리 돌멩이처럼 딱딱한 사람이라도
치즈처럼 말랑말랑해지는 순간이 있다.
그 순간에 그 사람을 부드럽게 어루만지면서
조금씩 찔러봐야만
상대가 좋은 반응을 하게 되어 있다.
결국 대화는 타이밍의 문제다.

찾아야 한다, 이 말씀이죠?"

나는 웃으며 대답했다.

"하하. 맞아요. 아무리 딱딱한 사람이라도 말랑말랑해지는 순간이 있습니다. 그 순간에 그 사람을 부드럽게 어루만지면서 조금씩 찔러봐야만 상대가 좋은 반응을 하게 되어 있어요. 캐럴 역시 언제나 짜증을 내고 예민하게 반응하진 않을 거예요. 그렇죠?"

"네, 맞아요. 하지만 좀 상냥한가 싶다가도 언제 그랬냐는 듯 조금만 대화가 길어지면 피곤한 기색을 보이니 지레 겁을 먹게 돼요."

"그러면 안 됩니다. 캐럴이 상냥해지는 그 순간, 망설이지 말고 그녀의 장점을 칭찬해주세요. 그녀의 똑 부러지는 성격이 얼마나 마음에 드는지, 지금처럼 다정한 그녀가 얼마나 사랑스러워 보이는지 말해주세요. 무엇보다 당신이 그녀를 얼마나 아끼고 사랑하는지, 얼마나 중요하게 생각하는지 알려주세요. 물론 그녀가 다시 예민해지고 짜증을 내는 순간이 찾아올 겁니다. 그때는 제가 알려드린 3초 법칙을 기억하세요. 그녀의 말이 진심이 아니라고 생각한 후 웃으며 무시하는 겁니다."

진심을 전달하는 기술

누구나 가끔씩은 자신의 부정적인 감정을 남에게 집어던지기도 하고, 반대로 남의 부정적인 감정을 뒤집어쓰기도 한다. 문제는 많은 사람들이 너무 많은 시간을 감정공격자처럼 말하고 행동하기 때문에 그들이 잠깐이나마 보여주는 다정다감한 성격 혹은 남을 도와주는 모습을 떠올리기 어렵다는 점이다.

그들은 가까이 하기 힘든 부류이다. 솔직히 말하면 좋아하기 어려운 사람도 더러 있다. 우리는 태도와 행동이 나쁘다는 이유로 그들을 단념해버리기 십상이다. 하지만 만약 이들이 우리에게 중요한 존재라면 어떨까. 누구에게나 장점이 존재한다는 사실을 기억하고 이들에게서 좋은 점을 생각해내야만 하지 않을까? 우리는 그저 장점을 찾아내어 존중해주기만 하면 되는 것이다.

넬슨 만델라는 남아프리카공화국의 가장 악명 높은 감옥이 존재하는 로벤 섬에 갇혀 있는 동안 이런 교훈을 발견했다. 자서전인 《만델라 자서전: 자유를 향한 머나먼 길 Long Walk to Freedom》을 보면 만델라가 깨달음에 도달한 과정이 묘사되어 있다.

바덴호스트는 아마 로벤 섬 역사상 가장 냉정하고 잔인한 교도관이었을 것이다. 하지만 그날 사무실에서는 여태까지와 다른 본성을 드러냈다. 감춰져 있었지만 여전히 어디엔가 존재하고 있던 면모였다. 아무리 냉혈한처럼 보이는 사람이라 할지라도 인간이라면 누구나 일말의 관대함은 있게 마련이며, 마음 깊이 감동을 받으면 달라질 가능성도 있다는 사실을 깨닫게 해준 중요한 계기였다.

물론 막무가내로 행동하는 사람 모두와 소통할 수 있는 것은 아니다. 그들 대부분은 너무도 빨리 스쳐 지나가기 때문이다. 그저 언젠가 누군가가 그런 사람들을 도와주리라 믿는 수밖에. 그런 이유로 우리는 그들을 그저 무시해버리는 한편 언제나 행운을 빌어주어야만 한다.

매일 함께 생활하고 일하는 사람이라면 상대의 장점을 키우는 데 전념해야 한다. 언제 터질지 모르는 폭탄 같은 그 혹은 그녀가 잠시 따뜻한 빛을 보내는 순간을 놓쳐서는 안 된다. 그 순간이 아니면 그들과 효과적이고 깊이 있는 대화를 나눌 특별한 기회가 주어지지 않는 것이다.

일주일 후 다시 나를 찾은 에드워드는 밝아진 얼굴로 말했다.

"선생님 말씀대로 캐럴이 조금 풀어졌다 싶은 순간을 놓치지 않았어요. 내가 그녀를 얼마나 사랑하는지 그리고 그녀가 얼마나 아름답고 멋진 여자인지 평소 생각을 솔직하게 말했습니다. 처음에 그녀는 조금 어색해했지만 기분 나쁘지 않은 눈치였어요. 그리고 곧 기적이 일어났죠."

에드워드의 얼굴에도 생기가 흘렀다.

"그녀는 좀 망설이더니 제게 미안하다고 했어요. 그간 자기가 나에게 심했던 걸 알고 있다고, 그러려던 건 아닌데 요즘 너무 힘들다고 속마음을 꺼내놓더군요. 덕분에 저희는 그간 서로 하지 못했던 이야기를 밤새도록 나눌 수 있었습니다."

에드워드의 눈은 어느새 글썽이고 있었다.

"비록 그날 이후에도 그녀가 예민해지는 순간들이 있긴 했지만 그땐 박사님이 알려주신 대로 그냥 무시했어요. 그녀의 진심이 아니란 걸 아니까요. 이렇게 서로의 마음을 잘 알고 있으니 앞으로도 슬기롭게 위기를 헤쳐갈 수 있을 겁니다. 정말 감사합니다."

감정 지키기 연습7 │ 상대가 부드러워지는 순간을 이용하라

1. 거의 매일 마주해야 하는 사람들, 즉 가족이나 직장 동료들 가운데 구제불능 수준으로 끊임없이 신경을 건드리고 상처를 주는 이가 있는가? 그저 무시해 버리기에는 너무 상태가 심하다고 여겨지는 사람이 있다면 일단 그 사람이 언제 조금이라도 부드러워지는지 관찰해보라.
2. 상대의 마음이 풀어진 순간을 잘 포착하여 그때 진지한 대화를 나눠보라. 단 그 사람에 대해 느끼는 부정적인 감정에 대해 이야기하기보다는 그가 얼마나 멋진 사람인지, 그의 장점이 무엇인지 등 긍정적인 느낌에 대해 말하라.
3. 나의 칭찬을 들은 후 상대가 나타내는 반응에 따라 좀 더 진솔한 이야기를 나눠라. 평소 나에게 나쁘게 대했던 부분에 대해 먼저 인정을 하고 사과를 한다면 이것을 받아들이고 그에 대해 바라는 점을 말하라. 상대가 요새 본인이 좀 힘들다며 속마음을 이야기한다면 충분히 이해해주는 한편 내가 언제나 그의 지지자라는 점을 확실히 해주는 것이 좋다.

3초 법칙 활용법

평소 말이 통하지 않는 것 같은 상대에게 말을 건넬 때는 3초간 '지금 내가 이 말을 한다고 해서 먹힐까?'를 고민하라. 상대가 기분이 좋아 보이면 괜찮은 징조다. 그때는 하고 싶은 말을 하라. 상대의 표정이 어둡거나 바쁜 일을 하고 있는 것 같으면 다른 타이밍을 노리기로 마음먹고 2단계 미소 짓기로 넘어가라.

CHAPTER 2

무거운 마음을 가뿐히 들어올리려면

"어쩌면 한바탕 루머가 휩쓸고 지나갈지 모릅니다.

우리는 그 루머를 완전히 무시할 겁니다.

어쩌면 여러분 중에 불평만 늘어놓는 사람이 생길지도 모릅니다.

그 또한 무시합시다.

바깥사람들이 그만두라고 하는 충고 역시 무시합시다.

여러분에게 부정적인 생각을 불러일으키는 일체의 이야기에 모두 귀를 닫으십시오.

우리는 중요한 임무를 띠고 있으니까요"

01 나쁜 기억이 떠올라 너무 괴로워요

악몽과 정면에서 맞서는 법

"오늘 옷차림이 평소답지 않으시네요. 아침에 좀 서두르셨나 봐요? 호호!"

지나는 생글생글 웃으며 자기를 위아래로 훑어보는 신입사원의 말에 아침부터 기분이 완전히 상했다. 신입사원은 나름대로 지나에게 관심을 표현하기 위해 한 말이었지만 지나는 이 말을 도대체 가볍게 웃어넘길 수가 없었다.

그녀는 들은 척 만 척 고개를 돌리고 서둘러 다른 장소를 향해 걸어갔다. 싸늘하게 표정이 굳어버린 지나를 보고 신입사원은 당황해서 어찌할 바를 몰랐다. 분명 그 신입사원은 자기가 뭘 잘못했던 것일까 생각하며 하루 종일 찜찜한 기분에 휩싸일 것이었다.

그 친구 생각이 나서
참을 수가 없어요

세미나에서 처음 만난 지나는 한눈에 보기에도 스타일이 좋은 여성이었다. 갓 30대에 접어들었다고 말하는 그녀는 나이보다 조금 어려보일 정도의 깔끔한 정장에 꼼꼼한 화장을 하고 있었다. 패션감각이 훌륭하다고 칭찬하는 내게 그녀는 잠시 머뭇거리다 앞의 이야기를 꺼냈다. 신입사원의 별 것 아닌 말에 과하게 반응한 자신이 너무 부끄럽다는 것이었다.

"사실 저에겐 콤플렉스가 좀 있어요."

그녀가 조심스레 꺼낸 얘기는 당당한 그녀의 모습과는 사뭇 어울리지 않는 것이었다.

대학시절 지나에게는 눈엣가시와 같은 친구가 있었다고 한다. 처음에는 그녀와 단짝처럼 늘 붙어 다니는 친한 사이였는데 어느 때부터인가 그 친구가 장난스럽게 건네는 말 한 마디, 한 마디가 비수처럼 꽂히더라는 것이다.

"지나, 오늘도 민낯이야? 뭘 믿고 그러는 거니? 호호." "너의 패션은 너무 심오해서 이해가 안 된다. 이런 옷은 어디서 산 거야?" "넌 머리 묶으면 대머리 같아. 제발 풀고 다녀."

그 친구가 지나에게 하는 이런 이야기들을 들은 다른 친구들은 낄낄거리며 지나에게 "화장 안 하고 다니면 나중에 쭈글쭈글해질 걸?" "그러고 보니 지나가 입는 옷은 정말 생전 처음 보는 것들이

네" "머리 묶으니까 좀 그렇긴 그렇다"라는 한 마디씩을 덧붙이곤 했다. 그러고 나서 친구들은 곧 다른 화제로 이야기를 옮겨갔지만 지나는 늘 그 이야기들이 마음에 상처로 남았다.

문제는 그런 이야기가 오가는 게 한 번으로 끝나지 않았다는 것이다. 대학 다니는 내내 지나는 비슷한 상황을 여러 번 겪어야만 했다. 지나가 새 옷을 입고 갈 때마다, 미용실을 다녀온 다음마다 그 친구는 어김없이 비수를 꽂았다.

물론 그 친구가 지나를 미워한다거나 싫어해서 그러는 게 아니라는 것쯤은 지나도 알고 있었다. 하지만 지나의 상처와 콤플렉스는 깊어져만 갔다.

"그 친구 얘기를 듣는 게 두려워 학교를 빨리 졸업하고 싶다는 생각이 들 정도였어요. 결국 졸업하자마자 그 친구와는 연락을 끊었어요. 그 친구와 연결된 다른 인맥도 거의 끊었죠. 그 친구가 여러 번 연락을 해왔지만 다 모른척했어요."

지나는 힘겹게 말을 이어갔다.

"이러는 제가 무척 옹졸하다는 생각이 들어 괴로웠어요. 하지만 그 친구를 만난다고 생각하면 겁부터 나는 걸요. 그 친구 때문에 온갖 패션잡지는 다 읽어보고 외양을 꾸미는 데 시간을 많이 쏟은 덕에 지금은 패션감각이 좋다는 얘기도 많이 듣고 화장술도 전문가 수준으로 익혔지만 누군가가 조금만 제 외모에 대해 지적을 하면 미칠 것만 같아요. 그 친구가 떠올라 참을 수가 없어요."

나쁜 기억은 좋은 기억보다 힘이 세다

인생에서 벌어지는 수많은 사건들은 쉼 없이 재생되는 짧은 영화처럼 우리 마음속에서 끊임없이 작동한다. 그런데 이걸 어쩌나! 영사기는 쉴 새 없이 돌아가는데 스크린에 등장하는 영상은 죄다 쓰레기 같은 내용뿐이니.

우리는 지금까지 우리에게 상처를 주거나, 창피나 모욕을 주거나, 걱정을 시키거나, 좌절감을 안기거나, 화를 돋우거나, 실망을 끼친 사람에 관한 기억을 주로 한 편의 영화로 만들어 기억 속에 보관한다. 그렇다면 좋은 기억은 대체 어디에 있는 것일까? 플로리다 주립대학의 심리학자 로이 바우마이스터Roy Baumeister와 동료들은 광범위한 연구를 통해 〈나쁜 것이 좋은 것보다 강력하다Bad is Stronger than Good〉라는 논문에서 이렇게 주장한다.

> 좋은 사건의 힘보다 나쁜 사건의 힘이 더 강력하다는 증거는 소소한 일상에서 찾아볼 수 있다. … (중략) … 나쁜 감정, 나쁜 피드백은 좋은 감정이나 좋은 피드백보다 더 강력한 영향력을 발휘하며, 나쁜 정보는 좋은 정보보다 훨씬 철저하게 파헤쳐진다. 나쁜 인상과 나쁜 고정관념은 좋은 인상과 좋은 고정관념보다 더 빨리 형성되며 바꾸기는 훨씬 더 어렵다.

이들에 따르면 "지나고 나면 좋은 일들만 기억될 거야"라는 말은 그저 달콤한 거짓말에 불과한 셈이다. 문제는 바로 이것이다. 사람들은 좋았던 기억을 곱씹으며 행복한 기분에 젖기보다는 나쁜 기억을 담아둔 채 두고 두고 깊은 상처를 받는 일이 더 많다. 더 큰 문제는 우리의 인생을 주제로 한 나쁜 영화는 아주 사소한 암시나 자극만 받아도 재생되기 시작한다는 점이다. 멀쩡하게 웃고 떠들다가도 갑자기 오래 전에 일어났던 나쁜 일들이 떠올라 기분이 널 뛰기를 하는 일이 얼마나 많던가.

"그래, 그 친구 덕분에 내 패션감각이 이렇게나 좋아진 거잖아? 그 친구를 만났던 건 행운이었을지도 몰라."

나쁜 기억이 떠오르면 그 기억에서 새로운 의미를 찾고자 골몰하기도 한다. 하지만 이러한 기억을 곰곰이 생각하고 재분석하는 동안 우리의 몸은 반응을 보이며, 마치 그런 상황이 지금 당장 벌어지기라도 하는 것 같은 경험을 하게 된다. 심장이 죄고 호흡이 가빠지고 사지가 뻣뻣해지며 최초에 사건이 발생했을 때 느꼈던 기분이 다시 찾아온다.

나쁜 기억이 일단 떠오르게 되면 우리는 잠에서 깨어나거나 잠자리에 들거나 스트레스를 받거나 한창 즐거운 시간을 보낼 때조차 순간순간 나쁜 기억을 더욱 강화하게 된다. 그러면서 처음에 느꼈던 실망, 걱정, 의심을 죄다 다시 느낀다. 오래된 기억을 새로운 생각으로 보강함으로써 낡은 기억을 한층 강화하는 것이다.

기억을 만들어내는 건
결국 자기 자신

과학자들의 연구에 따르면 사람의 기억이란 한 가지 경험에 대한 마지막 조각을 회상하는 일일 뿐이라고 한다. 즉 우리는 인생에서 경험한 한 가지 사건을 떠올릴 때마다 그때로 돌아가서 원래의 장면을 되새기는 것이 아니라, 그 사건의 마지막 기억을 참고할 뿐이다. 하버드대학의 심리학자 대니얼 길버트 Daniel Gilbert는 저서 《행복에 걸려 비틀거리다 Slumbling on Happiness》에서 왜 기억이 객관적인 기자나 역사가처럼 작동하지 않는가에 대해 설명한다.

경험을 기억하는 것은 쓰자마자 서랍 속에 집어넣어버린 이야기를 다시 꺼내보는 일과 비슷한 느낌이다. … (중략) … 그런 느낌은 우리 뇌에서 벌어지는 가장 정교한 환상들 중의 하나이기도 하다. 기억이란 우리의 경험을 완전하게 받아 적는 순종적인 필경사가 아니라 경험에서 중요한 요소들을 잘라내어 보관한 다음 우리가 다시 읽어달라고 요청할 때마다 그 요소들을 가지고 이야기를 다시 써내려가는 지적인 편집장이다.

결국 우리는 과거에 일어난 사건을 선별적이면서도 다소 부정확하게 기억하는 셈이다. 좋은 기억과 나쁜 기억을 모두 다시 고쳐 쓰는 것이다.

뇌의 기본적인 특성을 조사해보면 상황은 훨씬 더 복잡해진다. 우리의 뇌는 무의식적으로 우리를 안전하게 보살피려고 노력한다. 사람은 원래 스스로에게 상처를 내거나 자살을 하지 않도록 되어 있다. 문제는 우리 뇌에 장착된 경보장치가 너무 민감한 나머지 실제로는 전혀 위협이 되지 않는 부분까지 건드린다는 점이다. 그럴 경우 우리는 심리적으로나 신체적으로 허위경보에 지나지 않는 일에도 반응할 수밖에 없다.

텍사스 아동병원의 정신과의사 브루스 페리Bruce Perry는 자신의 저서 《조각난 회상Splintered Reflections》에서 "뇌에는 특정한 사건, 특히 위협적인 자극이 담긴 사건을 선택해서 일반화하는 놀라운 능력이 있기 때문에 사람이 충격적인 특정사건을 발전시켜 다른 위협적이지 않은 상황들로 잘못 연상하거나 잘못 일반화하기 쉽다"고 말하기도 했다. 즉 일상에서 경험한 충격적인 사건은 시간이 아주 오래 지난 후에도 우리 마음속에서 공포를 유발함으로써 더 이상 두려워할 대상이 남아 있지 않을 때조차 계속 부정적인 영향을 미친다는 것이다. 이혼을 한 후에도 여전히 예전 배우자와의 나쁜 기억에 시달리는 사람, 다혈질 상사 때문에 스트레스가 심해 퇴사를 했지만 다른 회사에 들어가서도 새로운 상사가 조금만 목소리를 높이면 주눅이 드는 사람, 졸업을 했어도 대학교 때 자신에게 상처를 준 친구와 그 친구의 말을 계속해서 되뇌는 지나의 경우가 여기에 해당한다.

악몽에서
벗어나기 위하여

그렇다면 끈질긴 악몽의 기억으로부터 벗어날 방법은 없을까?

첫째, 앞서 설명한 바와 같이 뇌가 평생 동안 하루도 빼먹지 않고 잠재의식에 경보를 보낸다는 사실을 기억하라. 지금 내가 느끼는 이 두려움과 짜증은 실제로 내게 전혀 해가 되지 않는 일이다. 그저 나의 뇌가 너무 민감한 나머지 허위경보를 울렸을 뿐이란 사실을 깨달아야 한다.

둘째, 내게 떠오른 이 나쁜 기억이 실은 정확한 것이 아니라는 사실을 잊지 마라. 우리가 가진 기억은 실제 기억의 끝자락에 불과하며, 때로 인생의 다른 기억들과 섞여 만들어진 모자이크화에 불과하다. 버지니아대학의 심리학자 조나단 하이트Jonathan Haidt는 자신의 저서 《행복의 가설The Happiness Hypothesis》이란 책에서 뇌의 잠재의식과정에 관해 다음과 같이 설명한다.

> 뇌는 자동과정을 통해 하루에도 수천 개의 생각과 이미지를 만들어내며 종종 무작위 연상을 통해 이를 실행한다. 머릿속에서 떠나지 않는 생각이나 과정은 특히 충격적이어서 우리가 억제하거나 부인하려는 것들일 경우가 많다.

마지막으로 이런 부정적인 기억을 간직해봐야 아무 소용이 없다는 사실을 깨달아야 한다. 지금에 와서 이 기억을 바꿀 수 있을 것 같은가? 엎질러진 물을 다시 주워 담을 수 있겠느냐 말이다. 그 기억으로 인해 때로 몸서리가 쳐지고, 부끄러워 정신이 혼미해지고, 무서워서 미치겠더라도 어쩌겠는가. "이미 벌어진 일이다" "다 지나간 일이다"라는 말을 마음이 가라앉을 때까지 소리 내어 되뇌라. 그리고 즉시 몰두할 수 있는 더 중요한 생각을 떠올려라.

감정 지키기 연습8 나쁜 기억과 정면에서 맞서라

1. 시시때때로 떠올라 기분을 망쳐버리는 기억이 누구에게나 하나쯤 있을 것이다. 당신에게는 그것이 어떤 경험이었나? 그 경험을 처음부터 끝까지 기억나는 대로 상세히 적어보자.
2. 적은 글을 읽어보며 수정할 사항은 없는지 생각해보자. 아마 읽을 때마다 다른 장면이나 말들이 불쑥 고개를 내밀 것이다. 그만큼 내 머릿속에 있는 기억이 불완전하다는 사실을 상기하라.
3. 적은 글이 어느 정도 완성됐으면 반복해서 읽어라. 여러 번 그 기억과 마주하면서 감정이 무뎌지도록. 그리고 "이 일은(그 사람은) 더 이상 내게 어떤 위협도 되지 않아"라고 되뇌어라.

3초 법칙 활용법

나쁜 기억이 떠오를 때마다 3초간 '이 기억 속 사건이나 주인공이 지금 내게 해를 끼칠 수 있는가?'를 먼저 물어보라. 아마 아무것도 없을 것이다. 지금 내게 아무런 위협이 되지 않는 일을 두고 두려움을 느낄 필요가 없다는 사실을 분명히 인식하라. 그래야만 2단계 미소 짓기로 넘어가게 될 것이다.

02 일이 잘 안 풀릴까 봐 걱정입니다

가능한 시나리오를 모두 적어라

일어나지도 않은 일에 대해 미리 걱정하는 사람들이 있다. 사실 많다!

현재 일이 잘 풀리지 않을 때, 행운이 모두 내게서 등을 돌린 것 같고 불운만이 나의 유일한 친구인 것처럼 느껴질 때, 우리는 "어떻게 하지? 그렇게 되면 이런 일이 벌어질 텐데"라고 우는 소리를 하며 스스로의 에너지를 갉아먹는다. 거기에서 그치면 다행이다. 혼자 걱정하는 것도 모자라 주변에도 부정적인 기운을 사정없이 퍼뜨리는 사람들이 많다.

나는 이런 일을 피하기 위해 어떻게 해야 하는지를 다행히도 미리 배울 수 있었다. 대부분의 사람들이 좌절과 실망을 수없이 경험하게 되는 시기, 바로 대학 시절 때였다.

내 생애 가장 끔찍했던 일주일

당시 나는 예일대학의 첫 학기에 어떻게 해서든 살아남으려 발버둥치는 풋내기에 불과했다. 어느 날 400여 명의 학생들과 함께 커다란 강당에 모여 경제학 중간고사를 보던 중이었다. 내가 시험지를 제출하자 수백 명의 학생들이 깜짝 놀라 나를 쳐다보면서 "우아아아!" 하는 괴성을 질렀다. 그도 그럴 것이 3시간짜리 시험을 겨우 40분 만에 끝냈으니까.

다른 학생들은 내가 그렇게 시험을 빨리 끝냈으니 엄청나게 똑똑하다고 생각하는 모양이었지만, 글쎄. 그들은 몰랐을 것이다. 겨우 이틀 만에 교수님이 내게 100점 만점에 6점을 매긴 시험지를 돌려주시리라고는. 내가 시험을 일찍 끝낸 이유는 도대체 시험내용이 무슨 말인지 알 수 없었기 때문이었다.

그러나 그 사건은 내가 겪은 끔찍한 한 주의 서막에 불과했다. 경제학에서 F학점을 받은 나는 그 다음 천문학 시험에서 보기 좋게 D⁺를 받았다. 웃어야 할지 울어야 할지.

불운은 미식축구 경기장에까지 이어졌다.

그날 경기를 보기 위해 부모님과 남동생이 멀리에서 찾아오기까지 했다. 더 정확히는 경기에서 활약하는 내 모습을 보기 위해 온 것이다. 그런데 식구들이 도착하기 바로 전 날, 나는 연습하면서 몸을 잘못 돌리는 바람에 그만 다리 힘줄이 찢어지고 말았다. 결국 식

나는 가까운 미래에 나를 덮칠 온갖 괴로움과 고통을 미리 상상하고 있었다. 날 비웃고, 모욕하고, 불편해하고, 무시하는 사람들의 모습이 하나하나 떠오를 때마다 앞으로 어떻게 해야 좋을지 갈피를 잡을 수 없었다. 애초 대학에 입학하면서 세웠던 나의 인생계획은 어느새 망망대해로 떠내려가 버린 느낌이었다.

구들은 내가 경기에 참가하는 모습은커녕 목발을 짚고 사이드라인에 서 있는 모습을 속상한 심정으로 쳐다볼 수밖에 없었다.

여기에서 불운이 멈췄다면 아마 내가 말을 꺼내지도 않았을 것이다. 그 망할 한 주의 대미를 장식한 사건은 바로 새로 사귄 여자친구의 중대발표였다.

"데이비드, 사실 나 약혼한 사람이 있어."

그 끔찍한 한 주를 경험하기 전까지만 해도 나는 스스로가 낙천적인 사람이라 자부하며 살아왔다. 물론 비관적인 의심이 고개를 들 때도 있었지만 대부분은 잘 견뎌냈다. 그런데 이제 세상이 완전히 달라보였다. 학업성적은 바닥을 쳤고, 미식축구선수로 뛰겠다던 꿈은 끝장날 위기에 처했다. 게다가 여자친구와도 어이없게 헤어지고 말았다.

무작정 고향으로 돌아가고 싶었다. 아니, 도망가고 싶었다. 하지만 그런다고 과연 일이 해결될까?

'고향사람들이 뭐라고 하겠어. 내가 대학 미식축구선수로 뛸 만한 실력이 없다는 둥, 아이비리그 대학에서 공부할 자격이 안 된다는 둥 뒤에서 수군거리겠지.'

사람들이 내 등 뒤에서 날 비웃는 모습이 떠올라 미칠 것 같았다.

'여기에 남는 게 더 나을까? 하긴 성적이 이렇게 나쁜데 친구들이 날 거들떠나 보겠어? 팀 동료들은 어떻고. 날 얼마나 불편하게 여기겠어? 교수님들도 날 도와줄 시간이 없다고 할지 몰라.'

나는 가까운 미래에 나를 덮칠 온갖 괴로움과 고통을 미리 상상하고 있었다. 날 비웃고, 모욕하고, 불편해하고, 무시하는 사람들의 모습이 하나하나 떠오를 때마다 앞으로 어떻게 해야 좋을지 갈피를 잡을 수 없었다. 애초 대학에 입학하면서 세웠던 나의 인생계획은 어느새 망망대해로 떠내려가 버린 느낌이었다.

극단적인 생각을 떨치는 5단계 방법

바로 그때 내가 현실을 직시하고 미래를 바로 볼 수 있도록 도와준 사람이 아버지였다. 끔찍한 한 주를 보낸 후 내가 느끼는 절망과 두려움에 대해 이야기하자 아버지는 다음의 이야기를 들려주었다. 그것은 일종의 구식농담이었다.

어떤 남자가 자동차를 운전하며 사막을 지나가고 있는데, 갑자기 타이어 하나가 터지고 말았다. 남자는 차에서 내려 트렁크를 열고 자동차를 들어올릴 잭과 스패어타이어를 찾아보았다. 다행히 타이어는 눈에 띄었지만 잭이 없었다.

"안 돼! 8킬로미터나 지났는데 주유소로 도로 걸어가야 하다니."

그러나 별 수 없었다. 남자는 주유소를 향해 걷기 시작했다.

"주유소에 잭이 있어야 할 텐데."

남자가 혼잣말을 중얼거렸다. 반쯤 갔을 무렵 남자는 속상한 마음에 다시 구시렁거렸다.

"잭이 없기만 해봐라."

주유소에 거의 다 와서는 으르렁거리다시피 하면서 말했다.

"어디 잭을 안 빌려주기만 해봐라!"

몇 분 뒤 남자는 마침내 주유소에 도착했다. 약이 올라 죽을 지경이었다. 주유소 주인이 보이자 남자는 이렇게 악을 썼다.

"어이, 이봐. 마음대로 해! 거지같은 잭은 댁이나 가지라고!"

남자는 이 한 마디를 내뱉고는 몸을 돌려 다시 8킬로미터를 걸어 차로 돌아갔다. 잭도 없이 빈손으로.

이야기를 마친 아버지가 나를 돌아다보고는 웃으며 말했다.

"이 남자 같은 짓은 하지도 말아라."

아버지는 앞으로 벌어질지도 모를 최악의 상황에만 집착하다 보면 득이 될 일이 하나도 없다고 믿었다. 어째서 안 좋게 끝나버리는 시나리오를 상상하느라 자신의 에너지를 죄다 쏟아붓는가? 그래봐야 스스로 비참한 기분이 들 뿐이며 가까이에 있는 문제는 여전히 해결되지 않을 텐데.

《회복 요인 Resilience Factor》에서 심리학자 카렌 라이비치 Karen Reivich 와 앤드류 샤테 Andrew Shatte 는 파멸적인 생각의 위험성에 대해 다음과 같이 이야기한다.

사람들은 대부분 걱정이 넘칠 때 극단적으로 나쁜 생각에 빠져든다. 당장 닥친 불운을 곰곰이 생각하다 보면 채 몇 분 지나지 않아 미래에 비참한 사건들이 연이어 일어난다는 상상을 해버린다.

라이비치와 샤테는 극단적인 생각을 떨쳐버리는 데 효과적인 다섯 단계의 방법에 대해 간략히 설명한다.

- 1단계 _ 예전에 겪었던 시련과 그로 인해 발생할지 모를 최악의 결과를 적어보자.
- 2단계 _ 최악의 상황 하나하나가 실제로 벌어질 가능성을 평가해보자. 그런 사태가 발생할 확률이 상당히 낮다는 사실을 알게 될 것이다.
- 3단계 _ 생각할 수 있는 최선의 시나리오를 그려보자. 믿기 어려울 정도로 일이 잘 풀려서 비웃음을 받을지도 모를 만큼 낙관적인 시나리오라야 한다. 시나리오를 적다 보면 암담한 생각이 깨끗이 사라질 것이다.
- 4단계 _ 이미 극단적인 상황을 구상해두었으니, 그보다 나빠질 일은 없다. 이제 앞으로의 시련으로 인해 일어날 수 있는 가장 그럴듯한 결과에 집중하자.
- 5단계 _ 새로운 관점으로 문제를 해결할 방안을 마련해보자.

긍정심리학의 초석을 다진 세계적인 심리학자 마틴 셀리그만 Martin Seligman에 따르면 비관주의는 우리에게 별로 도움이 되지 않는다. 《긍정심리학_Authentic Happiness_》에서 그는 장장 20년이 넘는 기간 동안 시행해온 비관주의에 관한 연구결과를 이렇게 정리했다.

비관주의자는 나쁜 일이 일어날 때 다른 사람들에 비해 여덟 배까지도 우울해진다. … (중략) … 공부와 운동을 비롯하여 어떤 일을 하더라도 타고난 재능에 비해 성취도가 낮다. 건강도 좋지 못하며 수명도 짧은 편이다. 대인관계에 더 큰 어려움을 겪으며, 대통령선거에 출마하더라도 낙천적인 상대후보자들에게 패배해버리고 만다.

어디까지 포기하고
어디까지 해결할 것인가

살아가면서 겪는 여러 사건들이 부정적이고 쓸모없는 생각을 유발한다는 사실은 누구나 잘 알고 있다. 이런 일은 누구에게나 일어난다. 당연한 일이며 인간의 조건이라고도 볼 수 있다.

비결은 이런 생각이 떠올랐을 때 여기에 병적으로 집착하지 않는 것이다. 달갑지 않은 생각과 씨름하거나 이를 차단하려고 애쓰는 일은 에너지낭비에 불과하다.

눈을 돌려 자신이 원하는 미래와 한층 낙관적인 시나리오에 주의를 집중하는 편이 좋다. 이제 여러분은 스스로 갈망하던 결과를 성취하기 위한 계획에 에너지를 쏟아부어야 한다. 설령 미래에 대해 부정적인 생각이 떠오르더라도 방향을 돌려 현실적인 기대를 하면서 달성하려는 목표에 집중해야 한다.

나 역시 아버지의 이야기에서 교훈을 얻은 후 장차 정신없이 몰려올 문제들을 상상하는 데 시간을 보내기보다는 내가 결정할 수 있는 것, 내가 통제할 수 있는 것에 정신을 집중하기 시작했다.

여자친구와의 관계는 내가 통제할 수 없는 일이었다. 힘줄이 찢어진 다리 역시 재활훈련과 내 의지만으로 한계가 있다는 사실을 겸허히 받아들일 수밖에 없었다. 결국 내가 좌우할 수 있는 일은 성적뿐이었다.

나는 망설임 없이 교수들을 찾아가 성적을 올리기 위한 조언을 부탁드렸다. 그리고 아래와 같은 간단한 답변을 받았다.

'강의실에서는 교탁에 가까이 앉고 숙제를 꼬박꼬박 해올 것.'

그러자 비록 여자친구와는 완전히 깨졌고 미식축구스타도 되지 못했지만 성적만큼은 좋아졌다. 결국 나는 졸업식에서 대학깃발에 이름이 새겨지는 영예를 누리게 되었다.

최악의 상황이 닥칠 거라고, 나를 도와주는 사람은 아무도 없을 거라고, 사람들은 전부 매정하고 불친절하다고 상상하며 괴로워하면 달라지는 일이 어디 있던가? 세상은 여러분의 극단적인 상상대로 돌아갈 만큼 그렇게 비정하지도, 그렇다고 너무 호락호락하지도 않다. 나쁜 일이 닥치면 바로 그때 해결하면 된다. 닥치지도 않은 일을 걱정하다 어둡고 불편한 사람이 되고 싶지 않다면 지금 당장의 문제로 눈을 돌리자. 그리고 해결할 수 있는 일을 하자.

감정 지키기 연습9 가능한 시나리오를 모두 적어라

1. "요즘 나는 되는 일이 없어"라는 얘기가 절로 나오는 순간이 있는가? 혹은 현재 내게 벌어진 불행으로 인해 미래가 어떻게 될지 눈앞이 캄캄해지는 순간이 있는가? 그럴 때마다 가능한 미래의 시나리오들을 적어보거나 머릿속에 그려본다.
2. 먼저 최악의 시나리오를 그려본다. 그리고 이런 일이 발생할 가능성이 얼마나 있을지 생각해본다. 그 다음 최고의 시나리오를 그려본다. 그리고 이런 일이 발생할 가능성이 얼마나 있을지 생각해본다.
3. 이제 합리적인 시나리오를 몇 가지 그려본다. 이 시나리오대로 일이 돌아간다면 그 안에서 내 의지에 의해 결정되는 부분이 무엇인지 확인하고, 내 의지와 무관하게 결정되는 부분은 과감하게 포기한다. '어쩔 수 없는 일'이라는 인식이 확실해지면 포기는 빨라지게 마련이다. 결국 내 의지에 의해 결정될 수 있는 부분에 집중하게 될 것이며, 이때 최선의 선택을 하려면 어떤 액션을 취해야 하는지 구체적으로 고민해본다.

3초 법칙 활용법

미래에 벌어질 일이 걱정될 때에는 3초간 '내 의지로 결과가 달라질 수 있는 문제인가?'라는 질문을 던져라. '그렇다'면 할 수 있는 일을 하라. '그렇지 않다'면 2단계 미소 짓기로 나아가면서 마음을 비우고 포기하라.

여기에서 저는 철저히 혼자예요

03

내 꿈에 대한 지지자를 찾아라

리키는 적임자를 찾고 있었다. 상대가 어떤 모욕을 해도 눈 하나 꿈쩍하지 않을 만큼 배포가 남다른 특별한 인물, 즉 앙갚음에는 관심이 없고 오로지 목표에만 집중할 줄 아는 사람, 보복이 아니라 오로지 발전을 위해 싸울 사람이 필요했다.

리키는 미국, 쿠바, 멕시코, 푸에르토리코, 베네수엘라 전역에 걸쳐 대대적인 조사에 나섰다. 필요한 만큼 얼마든지 시간을 들여 조사를 진행했다. 반드시 적임자를 찾아내야만 했으니까.

그러던 어느 날 마침내 적임자가 나타났다.

"사람들이 빈정거리고 못살게 굴 걸세. 자네의 반응을 끌어내려고 무슨 짓이라도 할 테지."

리키가 그 남자에게 말했다. 리키는 자신이 찾아낸 이 남자가 임무를 수행할 정도로 강인한 사람이라는 확신을 얻고 싶었다. 그러기 위해서는 필요한 조건이 있었다.

"인정사정없이 괴롭힘을 당하더라도 앙갚음을 해서는 절대 안 되네. 인간관계에서는 오히려 활기가 넘쳐야만 하지. 자네는 '분노 없는 승리'가 무엇인지 보여주는 상징적인 인물이 되어야만 해."

집단의 증오와
따돌림을 이겨낸 남자

재키 로빈슨Jackie Robinson이야말로 브랜치 리키Branch Rickey가 그토록 찾아다니던 적임자였다. 리키는 프로야구팀 브루클린 다저스의 단장이었고, 로빈슨은 흑인리그에 속한 프로야구팀인 캔자스시티 모나크 소속선수였다. 리키는 프로야구에서 인종의 벽을 허물고자 하는 숭고한 계획을 가지고 있었다. 재키 로빈슨은 리키가 그 계획을 실현하기 위해 선택한 선수였다.

리키의 예상대로 로빈슨은 프로리그 첫 해에 쉴 새 없이 쏟아지는 잔혹행위, 증오, 학대를 견뎌야만 했다. 수백만 명의 사람들이 합심하여 로빈슨을 괴롭혔다. 팬들은 로빈슨이 경기장에 들어설 때면 조롱과 야유를 퍼부었고, 선수들은 탈의실에서 로빈슨을 무시하고 따돌렸으며, 호텔은 원정경기에 나선 로빈슨에게 숙박제공을 거절했다. 증오가 가득 담긴 협박편지가 배달되기도 다반사였다. 그러나 이러한 와중에도 로빈슨은 야구를 계속했다.

로빈슨은 어떤 상황에서도 감정을 다스림으로써 분노 없는 승리를 거두겠다는 맹세를 했고 성실하게 이를 지켰다. 맹세를 지킨 덕분에 중심을 잃지 않고 힘을 낼 수 있었던 것이다. 그는 나중에 자서전 《정해진 운명에 만족하지 않았다 *I Never Had It Made*》에서 이렇게 회상했다.

> 내가 과연 다른 뺨도 내밀 수 있었을까? 난 정말 어찌 해야 좋을지 몰랐다. 하지만 반드시 그렇게 해야만 했다. 그래야 할 이유가 너무나 많았으니까. 흑인 청년을 위해, 어머니를 위해, 아내를 위해 그리고 나 자신을 위해. 무엇보다도 브랜치 리키를 위해서 반드시 그렇게 해야만 했다.

분명히 외로운 길이었지만 로빈슨은 혼자가 아니었다. 아내가 그를 지지했으며 리키가 힘이 되어주었다. 게다가 로빈슨을 옹호해줄 용기와 정신력을 갖춘 사람들도 있었다.

아무리 강인한 사람에게도 자신을 지지해줄 사람들이 필요한 시기는 반드시 찾아오게 마련이다. 셀 수 없이 많은 사람들이 동시에 내게 공격을 퍼붓는다면 혼자서는 결코 이겨내지 못하기 때문이다. 누군가가 여러분을 지켜봐주고 여러분의 여정을 도와주어야만 한다.

로빈슨을 지켜봐준 사람은 피 위 리즈Pee Wee Reese였다. 장차 명예의 전당에 오를 유망한 유격수로 꼽히던 리즈는 보스턴 원정경기에서 관중들의 야유를 받았다. 당시 로빈슨은 2루를 지키고 있었다. 그때의 일화가 로빈슨의 자서전에 등장한다.

사람들은 남부 출신이면서 흑인과 같이 야구를 한다는 이유로 피위를 조롱했다. 그러나 피 위는 아무런 대응도 하지 않았다. 야유를 퍼붓는 사람들에게는 눈길도 주지 않은 채 내 어깨에 손을 두르더니 말을 걸기 시작했다. 중요한 내용은 아니었다. 사실 난 그가 무슨 말을 했는지 기억조차 나지 않는다. 중요한 것은 동료애와 지지의 뜻을 밝히려는 몸짓이었다.

리즈는 그날 로빈슨은 물론 자신에게까지 악담과 저주를 퍼붓는 수많은 감정공격자들을 쿨하게 무시해버렸다. 그렇게 재키 로빈슨을 지켜봐주는 사람이 생겼다. 그는 혼자가 아니었다.

하나, 둘 지지자가 나타나기 시작하고

〈뉴욕 헤럴드 트리뷴New York Herald Tribune〉의 스포츠 편집장인 스탠리 우드워드Stanley Woodward 역시 로빈슨을 지켜봐주는 또 한 명의 인물이었다. 로빈슨이 세인트루이스 카디널스와의 출장경기를 앞두고 있을 때 우드워드는 카디널스 선수들이 로빈슨에 대한 항의 파업을 하려고 한다는 사실을 알아냈다. 만약 로빈슨이 출장하면 카디널스 소속선수들은 경기를 거부할 것이고, 결과적으로 인종차별 없는 야구에 반대하는 사람들의 사기를 북돋아줄 연쇄파업이 일어날 수도 있었다.

우드워드는 그대로 넘어가지 않았다. 〈뉴욕 헤럴드 트리뷴〉에 파업음모에 관한 기사를 게재함으로써 카디널스 선수들의 계획을 무력화시켰던 것이다!

우드워드는 아무 말 없이 지켜보기만 할 수도 있었다. 그런데 그러지 않고 큰소리로 말하는 쪽을 선택했다. 내셔널리그의 총재인 포드 프릭Ford Frick도 마찬가지였다. 프릭은 카디널스가 로빈슨을 상대로 음모를 꾸몄다는 사실을 알아내자 강격하게 대처했다. 카디널스 선수들에게 만약 계획을 행동으로 옮긴다면 상당한 대가를 치를 것이라고 딱 잘라 경고한 것이다.

"나는 리그에 속한 팀의 절반이 파업을 하더라도 개의치 않겠다. 파업을 하는 선수들은 신속하게 징계를 받아 출전을 정지당할 것이다. 내셔널리그가 5년 동안 열리지 않는다고 해도 상관없다. 여기는 미국이고, 미국 시민이라면 누구나 야구를 할 권리가 있다. 어떤 결과가 일어나더라도 내셔널리그는 로빈슨과 함께할 것이다."

결국 파업은 한 번도 일어나지 않았다. 프릭의 단호한 태도 덕분이었다. 로빈슨에게는 지켜봐주는 사람이 더 있었던 셈이다. 그는 결코 혼자가 아니었다.

로빈슨은 '상대가 어떤 모욕을 해도 눈 하나 꿈쩍하지 않을 만큼 배포가 남다른' 사람이었으며, 게다가 자기 자신을 절대 저버리지 않는 사람이었기에 성공을 거둘 수 있었다. 게다가 그에게는 브랜치 리키를 비롯하여 성난 군중의 비이성적인 분노에 위축되거나 겁먹지 않는 용감한 지지자들이 여러 명 버티고 있었다. 이 지지자들은 자신이 옳다고 믿는 것을 행동으로 실천해준 고마운 사람들이었다.

여러분의 인생은 어떠한가? 말도 안 되는 이유로 많은 사람들이 단합하여 여러분을 공격해오더라도 견뎌낼 자신이 있는가? 타성에 젖어 있거나 심지어 부패한 조직을 개혁하고자 할 때 부닥치게 되는 수많은 반대세력을 어떻게 감당할 수 있겠는가? 내가 해야 할 일에만 계속 집중하면서 과연 이 분노의 무리를 무시할 수 있겠는가?

아니면 이러한 경우는 어떨까. 공격을 받고 있는 다른 사람의 인생에 용감하게 끼어들 자신은 있는가? 집단의 무자비한 공격으로 공포에 떨고 있을 누군가를 위해 브랜치 리키, 피 위 리즈, 스탠리 우드워드, 포드 프릭 같은 사람이 되어 줄 수 있겠는가? 좋은 뜻을 가지고 바른 목소리를 내는 외로운 개혁가를 공식적으로 지지할 수 있는가? 무엇이 옳은 일인지 냉정하게 판단하고, 부당하게 대우받는 상대를 많은 적군들 앞에서 변호해줄 자신이 있는가?

감정 지키기 연습10 — 궁극의 목표만을 생각하라

1. 큰 꿈을 품고 앞으로 나아가려 할 때, 종종 눈앞을 가로막는 거대한 벽과 마주칠 때가 있다. 나를 공격하는 사람이 한둘이 아닐 때 우리는 극심한 외로움과 공포에 마주할 수 있다. 세상 모두가 나를 욕하는 것 같은 그 순간, 당신은 누구의 손을 잡고 싶은가? 부모님, 배우자, 친한 친구 등 당신에게 정신적 안정을 주는 사람들을 하나하나 떠올려보라.
2. 다음으로 내가 궁극적으로 이루고자 하는 꿈이 무엇인지 생각해보고, 그 꿈을 하나하나 적어보라. 소리 내어 읽어보면서 나의 꿈이 마침내 이루어질 그 순간을 상상하라.
3. 나를 공격하는 집단의 개개인이 모두 나를 욕하는 것 같지만 사실 그중에도 나를 지지하는 사람이 있을지 모른다. 공격에 대한 변명을 해서는 안 되지만 그들이 양심에 자극을 받을 수 있도록 내가 가진 꿈과 나의 목표가 가진 순수성, 이것이 어느 누구에게도 해를 끼치지 않는다는 사실을 끊임없이 어필할 필요가 있다.

3초 법칙 활용법

집단으로부터 공격을 받을 때는 3초간 '내가 이러한 수모를 겪으면서도 이 집단에 남아 있을 수밖에 없는 이유'를 떠올려라. '내가 이런 취급을 받는 게 온당한가'에 대해서는 생각지 마라. 그러한 생각은 억울함만을 불러일으킬 뿐이다. 왜 내가 남아 있는지를 생각해보았는데 특별히 그 집단에 있을 이유가 없다면 빠져나와도 좋다. 그러나 괴롭더라도 이뤄야 할 목표가 있다면 2단계로 넘어가 미소를 지으며 그 목표를 함께 떠올려라.

04 곧 해고될 것 같습니다

회복탄력성을 키워라

　마지막 직원이 방으로 들어왔다. 문이 닫혔다. 방에 빼곡히 들어찬 사람들은 커다란 회의 탁자에 둘러앉았거나 벽을 등지고 서 있었다. 탁자의 상석에 앉은 나는 천천히 사람들을 둘러보았다. 내 눈에는 방 앞쪽에 있는 사람들이 전부 긴장한 듯 보였다.

　시계를 쳐다보니 오전 9시 정각이었다. 이제 사람들이 가장 두려워하는 안건에 대해 말할 시간이었다. 이들은 모두 직장을 잃을 위기에 놓여 있었다.

　"데이비드, 입장이 무척 곤란할 거야. 심사숙고해서 결정해야 할 문제라는 거 알지?"

　두 달 전 선배들은 이런 날이 오게 될 거라고 미리 내게 경고를 해주었다. 하지만 막상 현실로 닥치게 되니 무척이나 떨렸다.

최악의 상황에서 맡은
최악의 임무

당시 나는 마스터카드Mastercard와 내셔널데이터코퍼레이션National Data Corporation이 한 해 전에 만든 일종의 합작투자회사인 글로벌페이먼트시스템Global Payment System에 근무하고 있었다. 이 신설회사는 두 군데에서 고객서비스센터를 운영했다. 세인트루이스에 위치한 서비스센터는 운영상태가 상당히 좋은 반면 애틀랜타의 서비스센터는 고전을 면치 못하는 상황이었다.

원래 내 직책은 마스터카드 뉴욕지부의 경영기획실장이었다. 그런데 글로벌페이먼트시스템의 창립 후 나는 애틀랜타의 서비스센터에 합류하라는 제의를 받게 되었고, 이를 곧 수락했다.

애틀랜타센터의 부책임자로 근무한 지 얼마 되지 않았을 때 나는 회사에서 비용절감을 위해 두 서비스센터를 통합할 예정이라는 이야기를 듣게 되었다. 그렇게 되면 우리 센터는 문을 닫고 세인트루이스센터가 고객서비스를 전부 제공하게 될 터였다. 더구나 우리 센터의 책임자가 다른 일을 맡게 되어 내가 곧 문을 닫게 될 애틀랜타센터 전체를 떠맡게 되어버렸다.

선배들은 나 역시 이 자리를 버리고 다른 곳으로 발령을 받는 편이 나을 것 같다고 조언해주었다. 센터운영이란 힘들기만 하고 보상은 못 받는 일인 데다가 센터가 문을 닫는다는 소식을 듣게 되면 사원들의 분노가 나에게 쏟아질 것이므로 차라리 전근을 가는

무거운 마음을 가뿐히 들어올리려면

편이 좋지 않겠냐는 이야기였다. 사실 센터가 문을 닫는다는 소문이 퍼지면 사기는 더욱 땅에 떨어지고 서비스수준은 형편없이 나빠질 것이 뻔했다.

설상가상으로 세인트루이스센터 직원들이 추가통화량을 감당하고 우리 센터에서 지원하던 제품의 수리방법을 배우려면 4개월이라는 시간이 필요했다. 결국 나는 우리 직원들에게 곧 실업자가 될 예정이라는 사실을 통보하는 것은 물론, 세인트루이스 직원들이 훈련을 다 받을 때까지 4개월간 일을 그만두지 못하도록 붙잡아두는 역할까지 맡아야만 했다. 결코 쉽지 않은 임무였다.

'비록 지금 상황은 최악이지만 다함께 협력한다면 뭔가 근사한 반전을 이뤄낼 수 있지 않을까?'

힘들다는 것을 알았지만 나는 막연한 기대를 품고 흔쾌히 그 일을 떠맡았다. 본사에서는 내 결정을 지지하여 필요한 자원을 공급해주고 세인트루이스센터 책임자들의 협조도 요청해주었다.

행복한 사람은 해고당하지 않는다

"여러분. 오늘은 여러분들께 조금 어려운 말씀을 드리기 위해 이렇게 한 자리에 모였습니다."

나는 방안을 한 번 더 둘러보고 노트를 흘긋 내려다본 다음, 다시 고개를 들어 말을 이어갔다. 직원들에게 회사가 취하려는 비용 삭감 방책과 회사의 센터 폐쇄결정에 대해 설명했다. 임무를 사양하고 이곳을 떠날 기회가 내게 주어졌지만 우리 팀을 믿기 때문에 여기에 남기로 결정했다고 이야기했다.

"물론 저는 알고 있습니다. 이 회의가 끝나면 우리들이 각자의 자리로 돌아가 남은 업무시간 동안 센터에 걸려오는 전화를 채 절반도 소화해내지 못할 것이란 사실을요. 업무는 엉망이 되겠죠. 아마 센터를 폐쇄할 때까지 앞으로 4개월 동안 상황은 이런 식으로 계속될 겁니다."

나는 아무 것도 숨기지 않고 솔직하게 설명해주었다.

"하지만 나는 회사가 생각하는 것보다 우리가 훨씬 뛰어난 사람들이라고 믿습니다. 우리는 분명 목표를 달성하고 새로운 직장을 찾을 수 있을 것입니다. 힘든 임무가 되겠죠. 하지만 해낼 수 있습니다. 비결은 간단합니다. 바로 중요한 일에만 주의를 집중하고 우리가 통제할 수 없는 부정적인 상황은 완전히 무시해버리는 것입니다."

직원들 사이에서 웅성거리는 소리가 계속 들려왔지만 나는 신경 쓰지 않고 하고 싶은 말을 하는 데만 집중했다.

"어쩌면 한바탕 루머가 휩쓸고 지나갈지 모릅니다. 우리는 그 루머를 완전히 무시할 겁니다. 어쩌면 여러분 중에 불평만 늘어놓는 사람이 생길지도 모릅니다. 그 또한 무시합시다. 바깥사람들이 그만두라고 하는 충고 역시 무시합시다. 회사가 우릴 버렸으니 이 회사에 차라리 해를 끼치라고, 일은 될 대로 내버려두라고 하는 조언 역시 무시합시다. 여러분에게 부정적인 생각을 불러일으키는 일체의 이야기에 모두 귀를 닫으십시오. 우리는 중요한 임무를 띠고 있으니까요."

나의 이야기가 끝나기 무섭게 이곳 직원들은 지극히 현실적인 걱정을 쏟아놓기 시작했다.

"어쨌든 4개월 후에는 우리가 실업자가 된다는 얘기잖아요. 그때 우린 어떻게 해야 하죠?"

"맞습니다. 실업자가 되기 전에 괜찮은 직업을 얻을 수 있도록 진로상담과 보상계획이 이루어져야 하는 것 아닙니까?"

일리 있는 지적이었다. 내가 해야 할 일은 회사와 직원의 경력 모두에 도움이 되는 최선의 길이 무엇인지 고민하는 것이었다. 나는 4개월간 애틀랜타센터의 서비스수준을 꾸준히 유지하는 동시에 회사 안팎에서 거의 100여 명의 사람들에게 필요한 일자리를 찾아내야만 했다. 만약 협력해서 일한다면 회사가 문을 닫으려는 위기 속에서도 우리가 세운 서비스수준의 목표를 능가하는 것은 물론 기록적인 성과수준을 달성할 수도 있을 것 같았다. 그렇게 되면 고용주들도 성과가 뛰어나다는 생각에 그치지 않고 직원들의 자질이 뛰어나다고 평가할 것이 분명했다.

"여러분이 새로운 일자리를 찾으실 수 있도록 최선의 노력을 다

하겠습니다. 다만 한 가지만 말씀드리고 싶군요. 여러분들이 이걸 알아주셨으면 좋겠습니다."

나는 숨을 고르고는 직원들 한 명, 한 명을 간절한 마음으로 바라보며 이야기를 이어갔다.

"나는 여러분이 우리 임무가 중요하다고, 나의 역할이 소중하다고 생각하셨으면 합니다. 이렇게 직장의 앞날이 불투명한 상황에서도 업무가 즐겁다고 믿기만 한다면 반드시 행복해질 수 있기 때문이죠. 이러한 마음가짐이 여러분을 분명 유리한 입장에서 좀 더 쉽게 새로운 직업을 구하실 수 있도록 인도해줄 거라 확신합니다."

뜬구름 잡는 이야기로 들리는가? 하지만 내가 이런 말을 한 데는 다 이유가 있었다. 심리학 연구결과에 따르면 남보다 더 행복한 사람들은 직업전환도 훨씬 성공적으로 해낸다고 한다. 심리학자 줄리아 보엠과 소냐 류보머스키Sonja Lyubomirsky는 〈행복하면 직장에서의 성공에 도움이 될까?Does Happiness Promote Career Success?〉라는 논문에서 이렇게 적고 있다.

> 행복한 사람들은 행복하지 않은 사람들에 비해 직장에서 해고당할 가능성이 낮다. … (중략) … 더욱이 행복한 사람은 해고를 당하더라도 불행한 실직자들에 비해 빨리 새로운 직장을 찾는 듯하다. 불행한 사람에 비해 행복한 사람은 미처 직장을 잡기도 전에 두 번째 인터뷰 기회를 얻을 가능성이 크다.

100명이 만들어낸 작은 기적

내 간절한 이야기에 전혀 감화를 받지 못했던 것일까. 회의가 끝나자마자 사람들은 소리를 지르고 화를 내며 수많은 질문을 퍼부어댔다. 온갖 질문과 대답이 오간 후에야 마침내 우리는 회의실을 벗어나서 각자의 전화기로 되돌아갈 수 있었다.

나는 직원들이 다시 자리에 앉아 헤드셋을 착용하는 모습을 지켜보았다. 전화를 건 고객의 대기상태를 알려주는 상황판에 불이 깜빡였다. 우리가 회의를 하느라 자리를 비운 사이에 응대하지 못한 전화가 쌓여 있었던 것이다. 25명의 고객이 대기 중이었다. 나는 도저히 해결하기 힘든 상황임을 감지하며 고개를 돌렸다.

그때 관리자 한 명이 내 어깨를 톡톡 두드리며 말했다.

"데이비드, 상황판을 좀 보세요!"

몸을 돌려보니 상황판에는 대기자가 겨우 16명밖에 남아 있지 않았다. 나는 상황판을 뚫어져라 쳐다보았다. 대기 중인 고객 수가 꾸준히 줄어들고 있는 것이 아닌가! 내 눈을 믿기 힘든 기적이었다.

그날 하루 종일 직원들은 쉴 새 없이 전화를 받았다. 휴식시간도 미룬 채 전화를 붙들고 있었다. 해결하기 어려운 전화를 받는 동료에게는 구원의 손길을 베풀었으며, 통화가 끝나면 일을 신속하게 처리하여 고객관리 데이터를 갱신하고 대기 중인 다음 전화를 받았다. 하루 종일 이렇게 일했다.

그날 저녁 퇴근하기 전에 통계수치를 들여다보았다. 회사에서는 고객의 전화를 절반도 처리하기 힘들 것이라고 말했지만 우리는 더 잘해냈다. 사실 걸려온 전화의 96퍼센트를 소화해냈다. 이는

무거운 마음을 가뿐히 들어올리려면

뛰어난 서비스품질에 대한 산업기준을 1퍼센트 웃도는 결과였다.

향후 4개월간 우리는 이런 식으로 일했다. 센터의 서비스수준 기록을 계속 갈아치우면서. 아쉽게도 센터가 문을 닫는 계획 자체가 변경되지는 않았지만 센터의 거의 전 직원들은 회사 안팎에서 성공적으로 새 직장을 찾을 수 있었다.

센터의 직원들은 그렇다 치고, 그럼 그 이후 나는 어떻게 되었을까? 한 해 전 뉴욕에서 애틀랜타로 이사를 갔을 때만 해도 내 운명이 이렇게 변하게 될 줄은 짐작조차 하지 못했다. 센터를 개선하려고 전근을 간 것이지, 문 닫게 하려고 간 것이 아니었으니까. 하지만 나는 회사의 합병을 기회로 삼아 위기에 처한 사람들이 중요한 일을 이룰 수 있도록 돕는 계기로 만들었다. 계획이 완벽하게 진행되지는 않았지만 결과적으로 글로벌페이먼트시스템에서의 성공을 칭찬받고 다른 회사에서 내 실적을 눈여겨보게 만들 정도의 성과는 이루었다.

나는 한창 주가를 올리던 기업 야후로부터 러브콜을 받았다. 야후는 내가 합병과정에서 고객관리센터를 성공적으로 운영함으로써 능력을 증명했으니, 성장세에 들어선 새 회사에서 고객관리조직을 꾸리는 일도 성공하리라고 생각했던 것이다.

감정 지키기 연습11   문제의 원인부터 파악하라

1. 살다 보면 직장에서의 해고, 연인과의 이별 등 감당하기 어려운 고난이 닥치게 마련이다. 긍정심리학에서는 이러한 고난을 이기고 불행한 상태를 재빨리 회복해나가는 사람을 일컬어 '회복탄력성이 높다'고 이야기한다. 감정 지키기의 핵심은 바로 이 회복탄력성을 키워나가는 것이다.
2. 회복탄력성을 키우기 위해서는 먼저 이러한 상황이 오게 된 원인을 생각해보아야 한다. 회사에서 나를 해고한다고 했다면 대체 왜 그런 결정을 회사가 내렸는지부터 냉정하게 차근차근 따져보자. 원인을 찾아가는 그 과정만으로도 지나친 우울 상태에서 벗어날 수 있다.
3. 원인을 찾아냈으면 같은 상황이 반복되지 않도록 자신이 할 수 있는 일이 무엇일지 생각해보자. 그리고 무작정 '다 잘 될 거야'라는 식의 모호한 이야기가 아니라 '나는 이제부터 감정을 못 이겨 상사와 싸우는 짓은 하지 않을 거야. 다 잘 될 거야'라는 식으로 긍정적인 다짐을 해보자.

3초 법칙 활용법

직장에서 해고 등 견디기 힘든 상황을 만났을 때는 3초간 '내가 괴롭다고 해서 달라지는 것이 있는가'를 질문해보라. 혹은 '내가 계속 이렇게 괴로워만 한다면 일이 어떻게 될까'를 생각하라. 중요한 것은 문제해결법을 궁리하는 것임을 알 수 있을 것이다. 문제해결법을 고민하기 시작하면 문제의 원인을 분석하는 감정 지키기 연습으로도 자연스럽게 이어질 수 있다.

무거운 마음을 가뿐히 들어올리려면

05 이 일을 극복하지 못할 것 같아요

유머의 힘을 믿어라

폭군처럼 행동하지 않으면 여러분은 분명 더욱 행복해지고 세상은 더욱 예의바른 곳으로 변할 것이다. 선하고 옳고 정당한 일에 집중하는 삶을 살려고 노력할 때 여러분은 우리 모두를 위해 세상을 더욱 좋은 곳으로 만드는 것이다.

하지만 인생시험 중 하나가 여태까지 상상했던 것보다 훨씬 어렵다면 어떻게 될까? 최악의 문제에 직면했을 때도 여러분은 절망이나 분노에 휩싸이지 않을 자신이 있는가? 질병, 정신적 충격, 죽음이 여러분의 인생에 무거운 그림자를 드리우면 지금껏 배운 3초 법칙이 더 이상 소용없는 건 아닐까?

매일 수많은 사람들이 질병, 정신적 고통, 죽음에 직면한다. 이들의 이야기를 통해 우리는 상상보다 엄청나게 많은 가족들이 질병이나 사별로 고통받고 있음을 알게 된다. 이들은 누구도 겪어서는 안 될 심적 고통에 짓눌린다. 대부분의 경우에는 가족의 죽음을 완전히 극복할 방법을 찾지 못한다. 그저 고통을 안고 살아가는 법을 배울 뿐이다.

《상실 수업 On Grief and Grieving》의 공동저자인 엘리자베스 퀴블러로스Elisabeth Kübler Ross와 데이비드 케슬러David Kessler는 이렇게 말한다.

극심한 상실을 겪고 난 이후의 시간은 우리가 대개 평생토록 느끼고 싶지 않은 감정들로 가득 차 있다. 여태까지 느꼈던 감정보다 훨씬 더 깊은 슬픔, 분노, 감정의 고통이 가까이에 도사리고 있다.

나는 한 번이라도 가족을 잃어본 경험이 있는 사람에게 연민을 느낀다. 가족과 함께한다면 세상에 그렇게 나쁜 일이란 없다고 입버릇처럼 말하곤 했다. 그런데 가족을 잃어버리고 나면 어떤 일이 일어나는가? 가족들이 치명적인 질병에라도 걸린다면 어떻게 될까?

가족에게 닥친 견딜 수 없는 시련

외할머니가 돌아가시고 4년 뒤 외할아버지에게는 네 번째 심장마비가 찾아왔다. 그 바람에 치매가 급속도로 악화되셨다. 이따금

의식이 또렷하게 돌아올 때면 외할아버지는 평소처럼 다정하고 유쾌하게 말씀을 하셨다. 그러나 정신이 온전치 않을 때는 낯선 모습으로 어머니에게 이기적이고 무정한 말씀을 내뱉곤 하셨다. 치매가 어떤 병인지 모르는 것은 아니지만 외할아버지가 비난을 퍼붓고 호통을 치실 때마다 어머니를 비롯한 우리 가족은 깊은 상처를 받을 수밖에 없었다.

부모님이 외할아버지를 우리 집으로 모셔온 것은 총 세 번이었다. 어머니는 그때마다 외할아버지에게 전용침실과 욕실을 마련해드렸다. 그뿐인가. 외할아버지만을 위한 음식을 준비해드리고 옷도 따로 빨아드리는 등 온갖 시중을 들었다.

하지만 우리 집에 올 때마다 외할아버지는 채 며칠도 견디지 못하시고는 기분 나쁜 투로 이렇게 말씀하셨다.

"왜 여기다 잡아두는 거냐? 내 집에서 지내고 싶단 말이다!"

세 번의 시도가 모두 실패로 돌아가고 나서야 마침내 부모님은 알게 되었다. 외할아버지가 아무리 혼자 외롭게 지내신다 해도 고향을 떠나서는 결코 행복하실 리 없다는 사실을. 그래서 결국 외할아버지를 도로 고향에 모셔다 드리기로 마음먹었다.

문제는 외할아버지가 더 이상 혼자 고향 집에서 생활할 능력이 없다는 점이었다. 어머니와 이모는 외할아버지를 제대로 돌보기 위해 만반의 준비를 다했지만 외할아버지를 만족시키기란 쉽지 않았다. 외할아버지는 제정신이 아니었기 때문에 원하는 것을 들어주지 않는 사람에게 폭언을 퍼붓곤 했다. 이런 상황은 가족 모두에게 몹시 힘들었다.

비난을 칭찬으로 바꾼 마법의 주문

그러던 어느 주말 부모님이 나를 만나러 뉴욕에 오셨다. 어머니는 외할아버지 일로 유난히 걱정이 많았고 이제껏 받은 고통을 전혀 떨쳐내지 못한 상태였다. 마인드컨트롤mind control에 관한 책을 그토록 많이 읽고, 나와 함께 수없이 산책을 하고, 아버지에게 끝도 없는 하소연을 늘어놓았지만 아무 소용이 없었다. 외할아버지에게 받는 고통과 스트레스는 미처 손쓸 틈도 없이 재빠르게 어머니를 찾아와 그녀의 몸과 마음을 더없이 피폐하게 만들고 있었다.

그날 나는 밤늦게까지 어머니와 이야기를 나누었다. 어머니가 외할아버지를 위해 얼마나 많은 노력을 기울였는지 알려드리고 싶었다. 그래서 그동안 어머니가 외할아버지를 위해 한 일을 생각나는 대로 적어 목록을 만들었다.

"어머니는 정말 좋은 딸이에요. 이렇게 긴 시간 동안 한결 같은 마음으로 부모를 모시는 사람도 드물 거예요. 그런 어머니가 정말 자랑스러워요. 어머니한테 제가 얼마나 많이 배우는지 몰라요."

이 말을 하면서 나는 어머니에게 내가 쓴 목록을 건네 드렸다.

외할아버지가 어떤 고약한 말을 하더라도 어머니가 최선을 다해 외할아버지를 지극정성으로 보살폈다는 사실을 증명해주는 목록, 바로 그 목록을 어머니가 항상 휴대하고 다니면서 자신의 노고를 스스로 잊지 않으시길 바랐다.

그 목록이 효과를 발휘한 것이었을까. 어머니의 삶은 그 날 이후 서서히 변화하기 시작했다. 어머니는 외할아버지가 생각이나 말을 통제하지 못할 때가 많다는 사실을 알고 있었다. 그래서 외할아버지가 자신도 모르게 난리를 피울 때면 외할아버지의 불평을 그대로 받아들이고 애써 넘겨버리려 노력하는 대신 그런 생각 자체를 무시해버렸다.

"너희 외할아버지가 나한테 불효막심한 자식이라고 비난할 때마다 네가 준 목록을 떠올렸단다. 그리고 내가 얼마나 괜찮은 딸인지 되뇌었지. 처음에는 잘 안 됐지만 자꾸 연습하다 보니 신기하게도 어느 순간부터 너희 외할아버지가 하는 말들이 죄다 날 칭찬하는 소리로 들리더구나. 고맙다, 다 네 덕분이야."

오랜 시간을 스트레스에 찌들려 어두운 표정으로 살아왔던 어머니는 마침내 뜨거운 눈물을 흘리며 활짝 미소를 지으셨다. 이제 어머니는 외할아버지가 어떤 말을 하더라도 탓하지 않는다. 외할아버지가 화를 내고 비난하는 말을 퍼붓고 불평불만을 쏟을 때마다 그저 다정하고 사랑스러운 태도로 무시해버린다.

'긴 병에 효자 없다'는 말이 괜히 생겼겠는가. 오죽하면《행복도 연습이 필요하다*The How of Happiness*》라는 책에서 심리학자 소냐 류보머스키가 '간병이란 인생에서 의미 있고 존경할만하며 중요한 일이지만 이와 동시에 간병인의 신체적·정신적 건강에는 해로울' 지도 모른다고 적었을까. 그러나 어머니는 그 힘든 일을 이겨냈다. 외할아버지와의 힘겨운 관계를 무시함으로써 외할아버지에게 여전히 남아 있는 장점에 더욱 집중할 수 있었기에 가능한 일이었다. 어머니는 홀가분한 마음으로 마침내 가장 좋은 엄마, 아내, 친구, 딸이 될 수 있었다.

고통과 공포와 절망의 연속…
그러나

37세의 킴은 행복했다. 남편 스티브와 금슬이 좋았으며 슬하에는 예쁜 자녀가 두 명 있었다. 딸 로렌은 아직 세 살이 아 되었고 아들 조단은 몇 달 후면 첫 돌을 맞이할 참이었다.

어느 날 킴은 연례 건강검진을 하면서 각종 검사를 받게 되었다. 그러다 평소 나쁜 소식을 전하는 의사 얼굴이라고 부르던 특유의 표정과 마주하게 되었다. 킴의 표현에 따르면 '뒷목의 솜털을 곤두서게 만드는 종류의 표정'이었다.

킴은 잔뜩 겁을 집어먹고 스티브에게 전화를 걸어 문제가 생길지도 모른다고 알렸다. 의사가 돌아와서 초음파결과를 들여다볼 무렵에는 이 모든 징조가 불길하다는 판단이 내려졌다. 그리고 여러 번의 검사가 이루어진 끝에 킴은 의사로부터 전암세포(암 상태로 변하기 직전의 세포)가 있다는 소견을 듣게 되었다. 여성에게 그렇게 드문 병은 아니었지만 킴의 담당의사는 걱정이 되었고, 종양절제술을 하자고 제안했다.

킴은 존경 받는 다른 외과의를 찾아가서 의견을 구했다. 이번에 만난 의사는 만약 종양절제술을 통해서 걱정할만한 조직을 조금이라도 발견한다면 그 자리에서 바로 유방절제술을 포함하여 필요한 조치는 무엇이든 취하겠다고 킴과 합의를 보았다. 이후 킴은 수술을 받았고, 큰 충격을 받았다. 가슴을 절제해도 좋다고 동의하기는 했지만 막상 한쪽 가슴이 사라져버렸다는 것을 알게 되니 충격이 이루 말할 수 없었다. 하지만 아이들을 생각해보면 고마운 마음이 들었다.

"아이들 곁을 지키기 위해서라면 무엇이든 할 거야."

그리고 1년. 예후가 정말 좋았다. 그러나 불행은 그녀를 놔두지 않았다.

또 다시 해마다 정기적으로 실시하는 유방검사를 하러 병원에 간 킴은 마음을 푹 놓은 상태였다. 그런데 한 가지 문제가 있었다. 큰 일이 아니라고 확신하면서도 킴은 진찰을 받으면서 겨드랑이 쪽에 멍울이 만져진다는 사실을 언급했고, 의료진 역시 별일 아닐 거라고 생각하면서도 예방차원에서 초음파를 실시했다.

킴은 촬영테이블에 등을 대고 누웠다. 의사는 초음파화면을 들여다보다가 잠시 멈칫하더니 킴을 바라보았다. 킴은 그 표정의 의미를 익히 알고 있었다. 나쁜 소식이 다시 찾아온 것이다.

"선생님, 남편이 새장가를 가야 할까요?"

아무도 웃지 않았고, 킴의 질문에 의사가 무겁게 대답했다.

"검사를 좀 더 해봐야겠지만 암인 것 같습니다."

킴은 유방암에 걸렸다. 유방절제술을 받았음에도 불구하고 겨드랑이 유방조직에 남아 있던 암이 발견되었던 것이다. 재수술이 필요했고 수술 이후에도 7주간 매일 방사선치료를 받아야만 했다.

유머는 긍정과 통한다

킴과 스티브는 힘든 시기를 보내면서도 유머감각을 잃지 않으려고 노력했다. 그렇지 않았더라면 걱정거리에만 집중했을 것이다. 두 사람은 웃음을 선택했다. 유머야말로 모든 일을 객관적으로 바라보도록 해주는 데 도움이 된다고 생각해서였다.

"어느 날 밤 제가 스티브에게 피자를 먹고 싶다고 말하자 스티브가 '냉장고에 음식이 잔뜩 있는데, 뭐하러 피자를 먹어?'라고 하는 거예요. 그래서 제가 말했죠. '스티브, 난 암환자야. 피자가 먹고 싶다고!' 스티브가 잠시 주춤하더니 저를 바라보고 그러더군요.

'킴, 방금 암환자라는 무기를 꺼냈어. 먹고 싶다니 당장 구해다 줄게. 당장 간다고!' 제가 대답했죠. '아, 한심하긴. 내가 왜 그랬는지 모르겠네. 암환자라는 걸 고작 피자 따위에 이용해먹다니. 부엌을 개조하자거나 다이아몬드 목걸이를 사달라고 해도 되는 거였는데 겨우 피자라니!' 우리는 깔깔거리고 웃었어요."

스티브와 킴은 부정적인 감정과 긍정적인 감정을 자유자재로 조정할 줄 아는 능력을 발휘함으로써 심리학자인 조지 보나노^{George Bonanno}의 설명을 입증해준 셈이다. 《슬픔 뒤에 오는 것들^{The Other Side of Sadness}》에서 보나노는 슬픔을 보다 긍정적인 감정상태로 이행시키는 것에 대해 이렇게 설명한다.

우리는 대부분 자신이 감정을 이행할 수 있다는 사실을 알게 되면 깜짝 놀란다. 고통 속에서 즐거움과 웃음을 발견하리라고는 누구도 기대하지 않지만 비록 일시적일지라도 막상 감정이 이행되면 상황이 이해가 가면서 기분이 좋아진다. … (중략) … 긍정적인 마음은 우리를 슬픔에서 벗어나게 해주는 데에서 그치지 않는다. 우리가 주변사람들과 다시 소통하게 만들어주기도 한다. 특히 웃음은 전염성이 강하다. 웃음은 다른 사람의 기분을 좋게 만들며, 새로운 방식으로 그들을 우리 가까이로 끌어당겨서는 고통스러운 시간 동안 기어이 우리 곁에 머물러준 것에 대해 보답한다.

킴은 자신의 건강상태에 대한 이야기를 듣고 마음이 상했지만 그로 인해 의료진과 긍정적인 관계를 맺는 데 문제가 생기진 않았다. 킴은 이렇게 말했다.

"암이라는 진단을 받은 사람은 누구나 공포를 느껴요. 흔한 현상이죠. 진단을 받는 데 몇 주의 시간이 걸리기도 하고, 알지 못하는 것에 대한 공포가 잘 아는 것을 상대할 때보다 훨씬 크기 때문이에요. 이때 중요한 건 우리 인생에 통제하지 못하는 감정이 있다는 사실을 기억하는 일 같아요. 그것이 중요한 이유는요, 암환자가 자기 잘못으로 병에 걸린 듯한 기분을 자주 느끼기 때문이에요. '몸에 나쁜 음식을 먹었나? 운동을 충분히 하지 못했나?' 하는 생각이 무슨 소용이 있겠어요. 다음으로 중요한 일에 집중하게 만들어줘요. 암은 쓰레기나 마찬가지예요. 아무런 경고도 없이 나타나서는 삶을 무겁게 짓누르니까요. 하지만 인생에서 소중한 것을 찾아보겠다고 마음먹고 부정적인 것에만 집중하지 않으면 심지어 암처럼 무시무시한 문제를 상대하는 순간에도 우리는 스스로 행복해질 기회를 만들어낼 수 있을 거예요."

킴은 마침내 끝나지 않을 것 같던 방사선치료를 마치고 2주가 지난 후 유방암예방 걷기대회에 참여했다.

"저는 자신에 대한 생각을 멈추고 이제 다른 환자들에 대해 생각하기 시작할 때라고 판단했어요. 세상에는 저보다 병세가 더 심각하거나 병에서 살아남지 못할 환자들이 있으니까요. 그들을 위해 무엇이든 하고 싶었죠. 우선은 편지 쓰기 캠페인으로 시작했어요. 제 경험에 대해 이야기했죠. 유방암연구를 위해 기금을 모으기도 했고요. 일 년 동안 저한테 와서 유방암에 걸렸다고 말한 엄마들은 세 명이었어요. 그들은 조언을 얻으려고 저를 찾았는데 제 눈에는 꼭 미친 것처럼 보였어요. 이런 여성들을 돕기 위해 무엇인가 해야 했죠. 그래서 조이 골드만 Joy Goldman과 힘을 합쳐 6개월 안에 400명의 여성을 대상으로 일종의 교육행사를 개최했어요. 우리는 이 행사를 '핑크리본의 힘'이라고 불렀어요. 요즘에는 많은 여성들이 저에게 와서 '그거 아세요? 당신 덕분에 검사를 받았고 암을 발견했어요. 감사합니다'라고 말하곤 해요. 이런 이야기를 하는 여성들을 볼 때면 아직까지도 그저 놀라울 따름이에요."

킴의 이야기를 통해 우리는 스스로 긍정적인 에너지를 발휘하여 가족과 친구들에게 가능한 한 많은 도움을 얻는 일이 얼마나 중요한지 깨닫게 된다. 여러분은 사람들을 밀어내기보다는 주변으로 끌어모으고 싶을 것이다. 아무리 힘겨운 상황에서도 사람들이 여러분의 건강과 행복에 도움을 주는 데 보람을 느낀다면 사람들은 여러분과의 관계를 유지하기 위해 지속적으로 노력할 것이다.

반면 사람들을 끊임없이 실망시킨다면 동료들은 점점 멀어지고 친구들은 서서히 사라지며 가족들은 결국 여러분의 심통 사나운 기분과 태도와 행동에 진력을 낼 것이다. 그러니 킴의 조언에 귀를 기울여보자.

"아무리 끝내주게 좋은 친구들이라 해도 조금만 시간이 지나면 당신이 날마다 쏟아내는 불평에 지치고 말아요. 친구들은 당신의 인생에서 일어나는 좋은 소식을 듣고 싶어하거든요. '세상에, 난 암을 상대하는 중이라고!' 암환자들은 흔히 이런 생각을 앞세워 세상을 보기 쉽죠. 하지만 현실적으로 생각하면 누구나 나름대로 중요한 일로 고민하며 살아가요. 결국 판단은 각자의 몫인 셈이죠. 과연 누가 더 최악의 상황에 처한 걸까요? 그건 경쟁할 일이 아니잖아요."

킴은 덧붙여 부정적인 감정의 순환에 빠지지 않는 것이 얼마나 중요한 일인지에 대해서도 말했다.

"몸이 이렇다 보니, 저는 암이 재발하지 않도록 다시 감시하기 시작했어요. 암이라는 쓰레기는 영원히 제 인생의 일부가 될지도 모르죠. 하지만 비록 내일 어떤 일이 닥칠지 모른다 해도 두려움이 인생을 삼켜버리도록 내버려두지는 않을 거예요. 저는 놀라운 사람들과 인생을 함께하고 있고, 훌륭한 의료진이 내 건강을 돌본다는 사실을 잘 알아요. 두려움을 떨쳐버리고 남편, 아이들, 가족, 친구들 그리고 제가 가진 모든 것들에 감사하며 살다보니, 행복하고 고마워하고 미리 준비할 줄 아는 생존자가 되었답니다."

킴은 내가 아는 한 3초 법칙을 가장 충실하게 이행하고 있는 사람이었다. 그녀는 충격적인 사건, 부정적인 기분이 자신을 덮칠 때마다 '내가 뭘 잘못했지?'라고 묻는 대신 '내게 소중한 것이 무엇일까'에 집중한다고 했다. 그러다 보니 어느새 두려움이 사라졌다는 것이다. 그녀가 진짜 암을 이길 수 있었던 이유는 바로 여기에 있었던 건 아닐까.

감정 지키기 연습12 　 인생 최대의 고난이 닥쳐도 유머를 잃지 마라

1. 감당할 수 없을 거라 여겨질 만큼 커다란 고난과 마주했는가? 너무나 큰 절망이 우리를 덮친다 해도 감정상태가 24시간 내내 심각할 수는 없는 법이다. 약간이라도 마음이 진정되는 순간, 가벼운 유머로 주변을 밝혀라. 웃음은 사람들의 마음을 풀어주고 부정적인 생각을 긍정적으로 바꿔놓는 놀라운 힘을 가졌다.
2. 내 앞에 떨어진 고통이 지상 최대의 크기로 보이더라도 실상 그렇지 않다는 사실을 되뇌라. 다른 이의 고민은 그에게 내 것보다 적지 않은 무게로 느껴질 것이다. 누가 더 최악의 상황인지 경쟁할 필요는 없지 않은가. 그저 남들도 나만큼 힘들다고 생각하라. 그것만으로 위로가 된다.
3. 한 번 이러한 고통을 겪게 되면 비슷한 상황에서는 내성이 생겨 고통의 크기가 줄어들 것이라 여겨라. 앞으로 닥칠 고통에 대비한다고 생각하라. 어떤 일이 생길지 모르는 게 인생이니 하루하루를 감사하는 마음으로 행복하게 살아라.

3초 법칙 활용법

인생에서 가장 힘든 일과 맞닥뜨렸을 때는 3초간 '내게 생긴 이 일로 인해 나만큼이나 더 괴로울 사람이 누구인가?'를 떠올려라. 혼자가 아니라는 생각과 함께 막중한 책임감이 느껴질 것이다. 자기 자신이 아니라 우리가 아끼는 타인을 위해 고난을 이겨내겠다는 생각을 할 때 우리의 문제해결력은 몇 배로 더 커지게 된다는 사실을 기억하자.

CHAPTER 3

상처 주지 않고 살아가기

"우리는 매일 선택의 기로에 선다.

다른 사람이 진심으로 사과하고 후회하며 보상하려고 할 때

우리에게는 예의를 갖춰 상대를 용서할 기회가 생긴다.

물론 상대에게 책임을 묻거나 보상을 받아들이는 것도 가능하겠지만

그냥 용서할 수도 있다.

즉각적인 용서를 베풀 것인가,

아니면 분노를 쌓아둔 채 사람들을 혹독하게 평가할 것인가?"

내 공을 가로챈 상사에게 복수하고 싶어요 01

간접적으로 분노를 표출하라

제크는 광고회사에 들어간 지 1년도 채 되지 않은 신입카피라이터였다. 대학시절부터 여러 광고공모전에서 입상했던 그는 입사 첫 해부터 동기들을 제치고 두각을 나타나기 시작했다. 언어감각이 탁월하다는 평가를 받으며 그의 카피가 거의 항상 최종후보에 들어가곤 했던 것이다.

그러나 재기발랄한 아이디어 면에서는 특출했지만 아직 상업적인 면에서 합격점을 받지 못한 그의 카피는 아쉽게도 최종심에서 번번이 떨어지고 말았다. 선배들은 그런 제크를 격려하기도 하고 경계하기도 했다. 하지만 욕심 많은 제크는 누가 뭐라고 하든 크게 신경 쓰지 않았다. 떨어지면 떨어질수록 그는 더 이를 악물고 열심히 일했다.

믿었던 상사가
뒤통수를 치다

그러던 중 제크의 팀에 새로운 프로젝트가 주어졌다. 새롭게 출시되는 면도기의 TV광고를 만드는 일이었다. 제크의 팀은 몇 날 며칠 밤을 새워가며 아이디어를 모았다. 결국 정해진 시간 안에 광고 콘셉트와 콘티는 정해졌지만 화룡점정이라 할 수 있는 광고의 메인 카피가 나오지 않았다.

제크의 팀에는 비상이 걸렸다. 특히 제크는 다른 동료들이 쉴 때에도 끊임없이 노트를 끼적이며 카피를 완성해갔고, 이번에도 어김없이 그가 쓴 카피가 최종후보에 들어갔다.

'이번만큼은 꼭······.'

간절한 바람이 이루어진 것일까. 팀 내 만장일치로 제크의 카피가 메인으로 최종결정된 것이다. 동료들은 제크의 어깨를 두드리며 이 정도의 경력을 갖춘 제크가 이렇게 큰일을 한 것은 정말 대단한 일이라고 칭찬해주었다. 팀장 역시 제크를 자랑스러워했다.

그러나 기쁨도 잠시, 제크는 광고주에게 프레젠테이션을 하는 날 충격적인 일을 목격하고 말았다.

"프레젠테이션 잘 봤습니다. 광고가 정말 좋군요. 아주 마음에 들어요."

"감사합니다. 저희 팀원들이 이 작업하느라 고생을 많이 했는데 그렇게 말씀해주시니 기운이 납니다."

프레젠테이션을 맡았던 팀장은 마음에 든다는 광고주의 이야기에 기쁨을 감추지 못했다. 제크를 비롯한 팀원들도 입가에도 미소가 번졌다.

"특히 저 메인카피가 아주 직관적으로 와 닿는데요. 도대체 어떻게 저런 말을 생각해내신 건가요?"

"아, 그건…. 시에서 영감을 얻었습니다."

제크는 자기 귀를 의심했다. 지금 팀장이 뭐라고 한 거지? 메인카피를 마치 본인이 쓴 것처럼 얘기하고 있잖아?

"역시 대단하십니다. 그동안 히트한 광고를 많이 만드셨다고 하더니 이번에도 한 건 하셨군요!"

제크는 그 다음 장면이 기억나지 않았다. 너무 충격을 받은 나머지 머릿속이 하얗게 변해버린 것이다.

미팅이 끝난 후 제크는 회의실 바깥으로 나가려는 팀장을 붙잡고 간신히 떨리는 목소리로 물었다.

"**팀장님**, 아까 왜 메인카피를……."

"아, 무슨 말 하려는지 알겠어. 별 거 아닌 일이니까 신경 쓰지 말라고. 원래 광고주들은 권위를 중시하기 때문에 내가 했다고 해야 더 가치 있는 카피라고 생각할 거야. 1년차 애송이 카피라이터가 쓴 카피라고 하면 금세 무시할 수도 있는 거거든."

"아, 네……."

제크는 다음 말을 잇지 못하고 그 자리에 얼음장처럼 서 있었다.

상처 주지 않고 살아가기

어떻게든 복수하고야 말겠어

내 친구인 제크는 사회초년생 시절 자신이 겪었던 그 일을 지금도 종종 이야기한다. 물론 지금은 웃으며 그 기억을 떠올리지만 당시에는 충격이 상당했다는 말과 함께.

제크는 그날 이후 여러 가지 생각이 떠올라 한동안 잠을 제대로 잘 수 없었다고 한다.

'아무리 생각해도 팀장 말은 앞뒤가 맞지 않아. 그 광고주들이 내가 신입인지 아닌지 어떻게 알아? 설령 알았다고 해도 이 회사는 신입마저 이렇게 실력 있는 회사, 신입의 의견도 무시하지 않는 열린 회사라고 생각했을지 누가 알아? 아, 그 자리에서 이런 걸 다 짚고 넘어갔어야 했는데.'

제크의 생각은 꼬리에 꼬리를 물었다.

'내일이라도 당장 팀장을 만나서 그때 얘길 다시 따져볼까? 이거, 팀장이 자기 인사고과 때문에 내 성과를 가로채는 거 아니야? 어쩌면 그렇게 뻔뻔하게 거짓말을 할 수 있는 거지! 가만있지 않을 거야. 무슨 수를 써서라도 복수하겠어!'

복수를 다짐한 제크는 어떻게 복수할 것인지 구체적으로 계획을 짜기 시작했다.

'팀장이 얼마나 무능하고 리더십이 없는지 알려야 해. 팀원의 공적이나 가로채는 뻔뻔한 사람이라는 걸 윗선에 알려야겠어. 내

일 회사에 출근하자마자 사장한테 이메일을 보내야지.'

그 다음부터는 말하지 않아도 알 수 있을 것이다. 제크는 밤새도록 사장에게 보내는 이메일에 무슨 얘기를 어떻게 쓸 것인지 시시콜콜 상상해보고는, 다음 날 극도의 수면부족 상태로 출근하여 이도 저도 못한 채 하루를 날려버렸다.

사람들은 대부분 자신에게 상처를 준 사람에게 앙갚음을 하고 싶어한다. 무시당하거나 모욕당하거나 학대받거나 희롱당했을 경우 어떤 식으로든 상대가 똑같은 기분을 느끼도록 만들어주고 싶어한다.

'아, 그때 이런 말을 했어야 했는데!'

상대의 말이나 행동을 떠올리며 어떻게 받아쳤으면 좋았을지 상상해보고는 나중에 꼭 그렇게 하리라 다짐하기도 한다. 완전히 영화감독으로 변신하는 것이다. 마치 자신이 블록버스터 액션영화의 주인공이라도 된 양 거칠게 대사를 날리는 장면을 그려보는 일도 다반사다.

"자네는 상대를 잘못 골랐어."

그 한 마디를 쿨하게 내뱉은 후 자신을 해치려 했던 사람에게 단단히 본때를 보여준다. 복수의 기쁨이 배가되는 장면은 모두 슬로모션처럼 생생히 펼쳐진다. 이윽고 승리를 축하하는 음악이 배경에 깔리면서 자신이 당당한 태도로 멀리 걸어가면 영화는 끝을 맺는다. 왜냐고? 방금 '정의'를 실현했으니까.

사람들은 대부분 자신에게 상처를 준 사람에게 앙갚음을 하고 싶어한다.
상대의 말이나 행동을 떠올리며 어떻게 받아쳤으면 좋았을지 상상해보고는
나중에 꼭 그렇게 하리라 다짐하기도 한다.
마치 자신이 블록버스터 액션영화의 주인공이라도 된 양
거칠게 대사를 날리는 장면을 그려보는 일도 다반사다.

정작 분노는
다른 사람에게로 향하고

하지만 현실은 영화와 전혀 다르게 끝난다. 마틴 셀리그먼은 《긍정심리학》에서 신경을 긁는 사람들에게 맞대응하거나 혹은 맞대응하겠다는 생각이 얼마나 위험한지 직접적으로 설명한다.

안 좋은 과거의 일을 곱씹으면서 분노하는 행위는 심장병에 걸릴 위험을 높이고 더 큰 분노를 유발한다. … (중략) … 어느 연구에서 255명의 의과대학생들을 피험자로 삼아 노골적인 적개심을 측정하는 성격검사를 실시했다. 25년 후 의사가 된 피험자들의 결과를 비교해보았더니 화를 가장 잘 내는 사람은 화를 가장 적게 내는 사람에 비해 심장마비를 일으킬 위험이 약 다섯 배나 높았다. 다른 연구에 따르면 나이가 들어 심장마비를 일으킬 위험이 가장 높은 사람들은 다른 사람들보다 소리를 잘 지르고 짜증과 조바심이 많으며 쉽게 분노를 표출하는 경우가 많다고 밝혀졌다.

뉴욕 알바니주립대학교의 심리학자인 타라 갈로브스키Tara Galovski와 에드워드 블랜차드Edward Blanchard는 〈공격성과 폭력행동 Aggression and Violent Behavior〉 저널에 발표한 논문에서 유난히 위험하면서도 일반적인 형태의 복수인 '도로 위의 분노'에 대해 진지하게 고찰한 바 있다.

두 학자는 도로 위에서 치솟은 스트레스로 인해 치사율이 어떻게 증가하는지에 대해 주목한다. 연구에 따르면 중대한 스트레스 요인을 보유한 운전자는 심각한 스트레스요인이 적은 운전자에 비해 치명적인 사고를 일으킬 확률이 무려 다섯 배나 높다고 한다.

일주일 동안 고속도로를 운전하면서 사람들이 어떻게 남을 응징하려 애쓰는지 살펴보라. 어떤 사람은 내 차 앞으로 차선을 넘어오려는 자동차만 보면 절대 양보할 수 없다는 듯 앞차 꽁무니 바로 뒤로 바짝 차를 붙인다. 누군가가 난폭운전이라도 할라치면 경적을 울리거나 고함을 지르거나 손가락질을 해대거나 보복 삼아 그 차 앞으로 끼어들기도 한다. 연구에서도 확인되었듯이 이러한 행동은 자신의 건강에 좋지 않을 뿐만 아니라 남에게 해를 끼치기도 한다. 복수에만 온 신경을 집중하다가 주변 사람 모두를 위험에 빠뜨릴 수도 있는 것이다.

심리학자인 브래드 부시맨Brad Bushman과 동료들은 일상의 불쾌한 자극을 반추하면 어떤 영향이 생겨나는지에 대해 연구를 실시했다. 그중에서도 '전위적 공격행동displaced aggression'이라는 심리현상에 특별히 관심을 기울였다. 전위적 공격행동이란 직장에서 스트레스를 받은 후 집에 돌아와 배우자에게 짜증을 내는 식으로 자신의 좌절감을 다른 사람들에게 전가하는 행위를 의미한다. 기분 나쁜 일을 겪은 후에는 약간의 자극만 받아도 눈앞의 상대를 부당하게 몰아세울 수 있다는 것이다. 이들은 〈과거를 곱씹다 장래를 망친다:

전위적 공격행동을 유발하는 반추행위의 효과*Chewing on It Can Chew You Up: Effects of Rumination Triggered Displaced Aggression*〉라는 제목의 논문에서 연구결과를 이렇게 설명하고 있다.

불쾌한 자극을 겪은 후 어떻게 주의를 집중하는가에 따라 남을 대하는 태도가 달라진다. 불쾌한 감정과 그 감정을 일으킨 자극에 집중하는 사람은 죄 없는 타인에게 부당하게 화를 분출할지도 모른다. 대신 부정적인 기분을 지우고 다른 일에 몰두하는 사람은 엉뚱하게 화를 분출할 가능성이 적다.

기분 나빴던 일을 곱씹는 행위는 누구에게도 도움이 되지 않으며, 궁극적으로 더 큰 고통만 가져다줄 뿐이다. 불쾌한 일만을 지나치게 생각하다 보면 그 기억을 과장하게 되고, 그러면 처음의 고통을 되풀이하여 겪게 되는 악순환이 반복된다. 우리가 받은 상처와 복수에 대한 열망을 되새기는 것이 계속하여 좌절감, 분노, 실망감만 확인시켜주는 결과를 초래하는 것이다.

물론 억울하거나 모욕적인 일은 생각하지 않으려고 노력한다 해서 되는 일이 아니다. 따라서 경우에 따라 그 기억을 일정 부분 매듭짓고 지나갈 필요가 있다.

복수하고 싶은 대상과 직접 대면하여 허심탄회하게 이야기를 나누는 것이 가장 좋은 방법이지만 여러 상황으로 인해 그럴 수가 없다면 어떤 식으로든 분노를 풀고 갈 수 있어야 한다. 그렇지 않으면 넘쳐 오르는 분노를 제삼자에게 쏟아붓는 우를 범하게 될지도 모를 일이다.

> **감정 지키기 연습13**   직접적으로든 간접적으로든 분노를 표출하라
>
> 1. 어떻게 해서든 복수해주고 싶은 사람이 있는가? 그 때문에 벌어졌던 억울하고 모욕적인 사건이 자꾸 기억나는가? 그 사건을 침착하게 되짚어보자.
> 2. 그 사람이 나에게 한 말이나 행동이 정말 부당한 것이었는지 이성적으로 따져보자. 냉정한 친구에게 조언을 구해봐도 좋다. 확실히 부당한 일이었다는 판단이 들면 상대에게 어떤 식으로든 이야기를 하라. 단 상대의 잘못이 무엇이었는지에 대해 이야기하지 말고, 그 일로 인해 현재 나의 감정 상태가 어떠한지에 집중해서 말하라. 제크는 바로 다음 날 팀장을 찾아가 "메인카피를 쓴 사람이 누구인지 밝히는 게 대수로운 일이 아닐 수도 있습니다. 하지만 막상 그 얘기를 들으니 제 마음이 무척 괴로웠습니다. 제가 노력한 시간들이 허무하게 느껴지기도 했고요. 제가 아직 어려서 그런 건지는 모르지만, 앞으로 제가 쓴 카피는 제대로 공표를 해주시면 좋겠습니다"라고 정확히 자기의 감정상태와 바라는 바를 전달했어야 했다. 그렇게 하지 못했기 때문에 오랫동안 그 일이 상처와 분노로 남았던 것이다.
> 3. 내 감정은 상했지만 상대의 말이나 행동이 특별히 부당하지는 않았다는 판단이 드는 경우 혹은 소심한 성격 탓에 복수를 꿈꾸기만 할 뿐 대놓고 이야기를 하지 못하는 경우에는 상대에게 하고 싶은 말들을 모두 적어보자. 욕을 써도 괜찮다. 하고 싶은 말을 원 없이 적어보는 것만으로도 어느 정도 마음 정리가 되게 마련이다.

3초 법칙 활용법

이미 화가 나서 상대에게 복수하고 싶은 생각이 머리끝까지 차오를 때 경계해야 하는 질문은 '어떻게 복수하지?'이다. 복수에 집착이 생기면 정신만 피로해지기 십상이다. 이때는 3초간 '완벽하게 복수하는 데 드는 시간과 에너지를 내가 감당할 수 있는가?'를 냉정히 질문하라. 분이 풀릴 정도의 완벽한 복수를 하려면 엄청난 노력이 필요할 텐데 차라리 그 노력을 긍정적인 데 쓰면 훨씬 내게 이득이 될 것이라는 생각이 들 것이다.

02 실수투성이인 사람을 이해할 수가 없군요

즉각적인 용서가 답이다

아침 7시 비행기를 타기 위해 나는 일찍 눈을 떴다. 다음 날 열릴 여러 회의들을 준비하느라 전날 밤 늦게까지 깨어 있었던 탓에 몹시 피곤했다.

당시는 야후에서 근무하던 시절이었다. 다른 회사를 매입한 지 얼마 안 된 시점이어서 나는 경영상태를 평가하기 위해 샌디에이고로 떠나려는 참이었다. 인원감축을 권고할 수밖에 없는 입장이었으므로 마음이 편치 않았다.

공항에서 동료 두 사람을 만난 나는 반가운 마음에 커피 세 잔을 샀다. 그런데 비행기에 탑승한 다음 머리 위에 있는 짐칸에 무심코 커피를 내려놓고는 그만 까맣게 잊어버리고 말았다.

실수를 눈감아주지 못하는 사람

비행기가 조금 흔들리기는 했지만 특별한 일은 없었고, 동료들과 나는 계획을 점검하며 즐거운 시간을 보냈다. 비행기가 공항의 탑승구에 접근하자 여느 비행에서와 마찬가지로 승객들이 먼저 내리기 위해 자리를 선점하느라 통로에서 북적거렸다. 바로 그때 한 남자가 소리를 지르며 욕설을 퍼붓기 시작했다.

"누구야? 빌어먹을, 대체 누구냐고!"

주위를 돌아보자 덩치 큰 남자가 통로에 서 있었다. 사람들이 그 남자를 보고는 슬금슬금 뒷걸음질을 쳤다.

"젠장! 도대체 누가 내 재킷에 커피를 쏟은 거야?"

한 줄기 전율이 내 몸을 타고 흘러내렸다. 나는 흥분하여 주위를 두리번거렸다. 커피를 어디다 두었더라? 왜 보이지 않지? 그러다 문득 뒤를 돌아보았다. 덩치 큰 남자는 여전히 소리를 지르면서 손에 코트와 빈 컵을 쥐고 있었다. 바로 그때 범인이 누구인지 깨달았다. 그 남자가 찾는 사람은 바로 나였다! 내가 짐칸에 가방을 올려놓으면서 커피까지 같이 두는 바람에 컵이 뒤집어지면서 남자의 재킷에 쏟아진 게 분명했다.

나는 민망하고 창피했다. 정말로 끔찍한 기분이었다. 그렇지만 물론 자백해야 한다는 사실도 알고 있었다.

"선생님, 죄송합니다. 여태 제가 그랬는지도 몰랐습니다."

내가 일어서면서 말했다. 덩치 큰 남자가 내 쪽으로 다가왔다. 남자는 벌건 얼굴로 나를 한 대 치기라도 할 듯한 태세였다.

"이 빌어먹을 멍청아!"

남자가 소리를 질렀다. 남자는 축축하게 젖은 양복 상의를 들고 있었다. 나는 최대한 빨리 대답했다.

"세탁비를 물어드리겠습니다. 공항이나 아니면 근방에서 바로 세탁할 수 있는지 알아보겠습니다."

나는 손을 뻗어 지갑을 잡아 열면서 덧붙였다.

"비용은 아무래도 좋습니다. 필요하다면 양복을 새로 사드리겠습니다. 제 잘못이니까요."

하지만 남자는 도무지 사과를 받으려 하지 않았다. 내가 벌을 받아야 분이 풀릴 모양이었다. 비행기에서 내리기 시작하는 다른 승객들의 모습을 보니 미친 듯이 화를 내는 남자에게서 벗어나 다행이라는 기색이 역력했다. 남자가 분이 풀리지 않았다는 듯 말했다.

"명함이나 주쇼!"

"그러지요."

나는 명함 한 장을 집어 남자에게 건넸다.

"당신네 회사 최고경영자한테 말할 거야. 이사회에다 찔러버릴 거라고. 어디 두고 봐!"

남자는 나를 밀치듯 지나가며 욕설을 한 마디 더 내뱉더니, 씩씩거리며 비행기에서 내렸다.

이 이야기에 대해서 분명히 짚어둘 점이 있다. 바로 잘못은 나에게 있었다는 점이다. 그 남자는 화를 낼 자격이 충분했다. 한눈에도 회의에 참석하러 가는 길인 듯한데 겉옷이 커피에 푹 젖어버렸으니까. 한 마디로 나는 그 남자의 인생에 등장한 뜻밖의 감정공격자였던 셈이다.

나는 실수를 저질렀고 사과를 했으며 잘못을 시정하겠다고 제안했다. 내가 할 수 있는 올바른 일이란 그것뿐이었다. 반면 남자의 반응은 내 책임이 아니었다. 전적으로 그의 결정일 뿐.

실수를 쿨하게 용서해주는 사람

고속도로를 타고 사무실로 향하던 어느 날이었다. 그날따라 차가 꽉꽉 막혔지만 그리 신경 쓰지 않았다. 청명한 날인 데다 새로 뽑은 차로 달리는 기분을 만끽하고 있었으니까.

그런데 운전 중에 문득 내 왼쪽 차선에 너구리처럼 생긴 동물 한 마리가 늘어져 있는 것이 눈에 띄었다. 내 바로 옆의 운전자는 먼 곳을 응시하고 있었고, 차로 동물을 치기 일보 직전이었다. 나는 그 차가 동물을 치기 직전에 갑자기 방향을 틀어버리지 않을까 걱정스러운 마음에 재빨리 가속장치를 밟아서 옆 차가 뛰어들 공간을 확보해주었다.

그런데 문제가 발생했다. 하필이면 바로 그때 교통이 정체되면서 내 앞에 차들이 길게 늘어섰던 것이다. 내가 브레이크를 밟자, 앞차가 끼익 소리를 내면서 다른 차의 뒤로 미끄러졌다. 사태는 갑자기 악화되었다. 차량추돌로 인한 충격 때문에 내 앞에 있던 차가 그 앞에 있던 차를 들이받았던 것이다. 맙소사!

부딪친 차량 3대가 도로변에 나란히 세워졌다. 운전자들이 차에서 내리자 나는 재빨리 앞차에 탔던 사람의 상태부터 살폈다. 운전자들은 다행히도 무사했다. 교통정체로 인해 모두 차를 천천히 몰았기 때문이었다. 다만 앞차를 점검해보니 범퍼가 살짝 긁혀 있었다.

그때 맨 앞차의 운전자가 우리에게 다가왔다. 그 사람도 다친 데는 없었고 범퍼만 살짝 긁혔을 뿐이었다. 그러면서 자기가 비번인 경찰관이라고 말했다.

이건 틀림없이 나쁜 징조였다. 무슨 일인지 묻는 그의 질문에 나는 상황을 설명했다. 내 잘못이라고도 말했다. 그가 고개를 끄덕거리더니 다른 운전자를 돌아보았다.

"선생님도 잘못하신 거예요. 저를 받으시면 안 되죠. 너무 바짝 붙어서 오셨어요."

그 다음 그는 아무렇지 않다는 듯 웃으며 고개를 가로젓더니 우리 두 사람을 쳐다보았다.

"다행히 아무도 다치지 않았네요. 피해도 전혀 없었고. 그러니 잊어버립시다."

그는 내 등을 툭툭 치면서 말했다.

"다음번엔 좀 더 조심하세요."

그러더니 내 앞의 운전자를 보면서 한마디 했다.

"다음번엔 너무 바싹 붙지 마시고요."

그가 떠나고 내가 돌아보았더니 다른 운전자도 안도의 한숨을 내쉬고 있었다.

"와, 정말 시원시원한 분이네요."

내 말에 다른 운전자도 말했다.

"그러게 말이에요."

"그쪽도 마찬가진데요, 뭘. 감사합니다. 그리고 죄송합니다."

"괜찮아요. 안녕히 가세요."

다른 운전자는 그렇게 대답하더니 차를 타고 기분 좋게 떠났다.

▎잘못을 저지른 것은 사실이지만…

두 번째 상황에서 나는 정말 운이 좋았다. 앞차의 운전자와 경찰관은 기분 나쁘게 행동했을 수도 있었다. 어떤 변명을 하더라도 내가 교통사고를 일으킨 장본인이라는 사실에는 변함이 없으니까. 나는 다른 두 운전자의 인생에 뛰어든 감정공격자였으니 그들은 화를 낼 권리가 충분했다.

하지만 두 사람은 그러지 않았다. 나에게 분풀이를 할 권리가 있었음에도 그렇게 하지 않았다. 오히려 나를 용서하기로 결정하고는 상황을 훨씬 호전시킨 다음에 자리를 떴다.

맨 처음 했던 비행기 속 남자이야기와 이번 이야기에서 잘못은 모두 나에게 있었다. 그 뒤로 교통사고를 내거나 다른 사람의 재킷에 커피를 쏟은 일은 없었지만 나는 여전히 여러 가지 실수를 저질러왔다. 내가 실수를 저지를 때마다 사람들은 당연히 제각각의 반응을 보였다.

반대로 다른 사람들이 나에게 실수를 저지른 경우도 많았다. 대부분 나는 그들의 실수를 통제할 힘이 없었다. 그저 내 반응을 결정할 힘이 있었을 뿐. 나는 어떻게 행동하려 했을까? 실수를 저지른 사람을 가혹하게 평가하여 대가를 치르게 하고 싶었을까 아니면 이해심을 발휘하여 그냥 넘겨버리고 싶었을까?

세상을 살아가면서 부당한 평가를 받았다는 기분을 얼마나 많이 느꼈는가? 잘못을 저지른 것은 사실이지만 상황이 지나치게 부풀려진 것 같다고 생각한 적도 있을 것이다. 실수를 저지른 탓에 나쁜 사람이라는 평가까지 받은 일도 있었으리라. 무신경하고 무정하며 불친절한 사람처럼 비춰지기도 했을 것이다.

무슨 일이었든 간에 자신이 저지른 일을 후회하다가도 지나치게 심한 평가를 받는 바람에 모욕당한 기분이 드는 일은 수없이 존재한다. 그때마다 여러분의 선한 의도, 친절한 마음씨, 평상시의 예의 바른 행동은 전혀 감안되지 않았을 것이다.

다른 사람들이 여러분의 사소한 위반행위를 그냥 눈감아주지 않고 여러분을 끔찍한 사람으로 규정짓는다면 마치 학대당한 듯한 기분이 들 수 있다. 이는 정말 당연한 일이다.

즉각적인 용서가 나에게도 이롭다

사람들은 사소한 실수를 저질렀다는 이유로 타인을 신랄하게 비난하면서 소위 '즉각적인 용서'를 베푼다거나 그들의 실수를 눈감아주지는 않는 것 같다.

스탠퍼드대학의 '용서 프로젝트Forgiveness Project'를 운영하는 심리학자 프레드 러스킨Fred Luskin은 저서 《대가 없는 용서Forgive for Love》에서 용서의 힘에 대해 설명했다.

- 쉽게 용서할 줄 아는 사람은 병에 잘 걸리지 않는다.
- 남의 실수를 비난하는 사람은 심혈관질환이나 암과 같은 질병에 걸릴 확률이 높다.
- 적개심을 품고 용서를 꺼리는 사람은 혈압, 근육긴장, 면역반응에 부정적인 변화가 일어난다.

- 자신에게 해를 끼친 상태를 용서하려는 사람은 심혈관, 근육, 신경조직의 문제가 즉각적으로 개선된다.
- 용서할 줄 아는 사람은 스트레스를 적게 받고 스트레스로 인한 신체증상이 적게 나타난다.

우리는 매일 선택의 기로에 선다. 다른 사람이 진심으로 사과하고 후회하며 보상하려고 할 때 우리에게는 예의를 갖춰 상대를 용서할 기회가 생긴다. 물론 상대에게 책임을 묻거나 보상을 받아들이는 것도 가능하겠지만 그냥 용서할 수도 있다. 《행복도 연습이 필요하다》에서 소냐 류보머스키는 "용서받는다는 사실을 인정하라. 남을 용서할 능력을 기르기 전에 자신도 과거에 용서받았다고 인정하는 연습을 먼저 해야 한다"고 충고한다.

삶이란 분별 있는 사건들의 연속이 아니다. 여러 가지 변수로 가득하다. 여러분이 한 사람과 어떻게 교류하는가에 따라 다음 사람과의 교류에 어떻게 반응할 것인지가 결정된다. 여러분이 한 사람을 대하는 태도는 다음 사람을 대하는 태도에 영향을 미치며, 그 사람은 자신이 앞서 받은 에너지를 다른 사람에게 그대로 전하는 경우가 많다.

만약 여러분이 다른 사람의 규칙위반을 용서한다면 호감의 고리를 만들어낸 셈이다. 만약 말이나 행동으로 상대방을 처벌한다면 악감정의 고리를 만들어낸 것이다. 하버드대학의 심리학자 조지 베일런트 George Vaillant가 자신의 저서 《영성의 진화 Spiritual Evolution》에서 "다른 사람을 용서하는 경험은 무거운 마음의 짐에서 해방된다는 의미일 뿐만 아니라 문제를 해결했다는 즐거운 깨달음을 의미하기도 한다"고 이야기한 것도 이러한 이유에서이다.

살아가면서 여러분은 내가 들이받은 차의 운전자와 경찰관처럼 반응할 수도 있고, 내가 재킷에 커피를 쏟았던 회사원처럼 반응할 수도 있다. 그럴 때는 예외 없이 선택을 내려야만 한다. 즉각적인 용서를 베풀 것인가, 아니면 분노를 쌓아둔 채 사람들을 혹독하게 평가할 것인가? 그에 대한 해답이 될 수 있는 이야기가 바로 다음의 일화에 등장한다.

내가 카페에 앉아 이 책의 편집을 마무리하던 무렵의 일이다. 내가 앉아 있던 자리의 바로 옆 테이블에 있던 남자가 자리에서 일어나다가 바닥에 커다란 커피잔을 떨어뜨렸다. 다행히 내게는 아무런 피해가 없었지만 커피가 온 사방에 쏟아지면서 맞은편 자리에 앉은 회사원의 바지와 서류가방 곳곳에 튀었다.

회사원은 깜짝 놀라 자리에서 일어났다. 양쪽 바짓가랑이는 홀랑 젖어버렸고 서류가방에서는 커피가 뚝뚝 흘러내렸다. 커피를 쏟은 남자의 얼굴은 벌겋게 달아올랐다. 그런데 회사원이 미소를 지으며 이렇게 말하는 것이 아닌가.

"적어도 냄새는 좋네요."

두 남자 모두 웃음을 터뜨렸다. 그러더니 두 사람은 냅킨을 집어들고 지저분해진 주변을 닦기 시작했다.

어떤가? 결정은 항상 여러분에게 달렸다.

감정 지키기 연습14 즉각적인 용서를 실천하라

1. 당신은 타인의 실수나 잘못에 얼마나 민감한 사람인가? 스스로가 용서에 인색한 사람은 아닌지 되돌아보고 최근 가장 크게 화를 냈던 적이 언제였는지 상기해보자.
2. 본인 스스로가 화를 잘 내고 다혈질인 사람이라는 판단이 든다면, 이러한 본인의 성격이 사회생활과 가정생활에 커다란 재앙이 될 것이라는 사실을 분명히 인식하라. 그리고 화가 날 때마다 '즉각적인 용서'의 힘에 대해 머릿속에 떠올려라. 바로 상대의 실수를 덮어주되 상황에 수습책이 필요하다면 상대와 합리적으로 상의하라.
3. 그래도 너무 화가 나서 소리부터 나올 것 같다는 생각이 들면 일단 크게 한숨부터 들이마셔라. 깊은 호흡은 마음을 안정시키는 데 큰 도움이 된다.

3초 법칙 활용법

실수를 저지른 상대를 앞에 두고 분노를 표출하기 직전 3초간 크게 호흡하며 '내가 화를 내면 상대와 얼마나 어색해질까?'를 먼저 생각하라. 화낸다고 문제가 해결될지 생각하는 것은 기본이다. 상대와의 관계까지 어색해지면 문제를 해결하는 것조차 힘들어진다. 어쩌면 상대도 같이 화를 내면서 더 골치 아픈 일이 벌어질 수도 있음을 기억하자.

그러면 그렇지, 소문은 틀린 적이 없어요

누구에게도 딱지를 붙이지 마라

03

 우리는 살면서 "저 사람은 이런 타입이야" "남자들은 원래 다 그래" "그 나라 사람들은 게으르고 지저분하다며?" 하는 식으로 상대를 잘 파악하기도 전에 단정 짓고 규정해버리는 실수를 저지르곤 한다.

 나 역시 마찬가지이다. 베를린장벽이 아직 무너지기 전인 1987년, 소규모 벤처캐피털회사에 인턴으로 취직하여 서베를린에 갔던 나는 동베를린에 잠시 들러 만났던 동독 사람들로부터 많은 교훈을 얻었다. 그들은 냉전시대 첩보영화에 등장하던 비밀정보원들과는 사뭇 달랐다. 활기 넘치고 인정 많은 그들을 보면서 사람에 대한 내 고정관념이 얼마나 하잘 것 없는 것인지 절실히 느꼈다. 한 모임에서 만났던 30대의 젊은 사업가 션 역시 비슷한 이야기를 들려주었다.

퇴짜에 퇴짜에
퇴짜를 맞다

선은 사업을 시작하기 전 어느 신용카드 회사에서 사회생활을 시작했다. 그의 인생에 전기가 되었던 일은 그가 입사 후 3년이 지났을 무렵 새로운 지사로 자리를 옮기면서 생겼다.

새로운 지사로의 첫 출근 날, 선은 긴장과 설렘을 안고 회사로 향했다. 상사 잭이 가장 먼저 그를 반겨주었다.

"자네가 일 잘한다는 소문은 익히 들었네. 나도 그렇고 회사에서도 기대가 크다네. 한번 잘해보자고!"

나이 지긋해 보이는 새로운 상사 잭은 부드러움 속에 카리스마가 있는 듯 보이는 좋은 인상이었다. 다른 동료들과도 인사를 나누었다. 모두 선을 기분 좋게 반겨주는 분위기였다.

며칠이 지난 뒤 선은 잭에게 이메일로 보고서를 올렸다가 별다른 코멘트 없이 다시 쓰라는 지시를 받았다. 선은 첫 보고서가 퇴짜를 맞았다는 생각에 씁쓸한 기분을 감출 길이 없었다. 어두운 표정의 선을 본 동료 케빈이 다가와 무슨 일이냐고 물었다.

"별 일 아니야. 보고서를 다시 써오래."

"뭐? 역시……."

케빈은 그럴 줄 알았다는 듯이 의미심장한 미소를 보였다. 선은 대체 그게 무슨 말이냐고 물었다.

"잭이 문제라는 거야. 그 사람이 할 줄 아는 말이라곤 'No' 밖에 없어. 무슨 보고서를 쓰든 어떤 아이디어를 내든 통과되는 법이 없지. 그렇다고 무슨 대안을 제시해주는 것도 아니고. 정말 무능한 상사라니까."

"아……."

"무능하면 오케이라도 잘해야 하는데, 이건 뭐…. 성격이 괴팍해서 그런가 자기가 뭘 모르는 걸 사람들이 알고 욕할까봐 그런가, 하나부터 열까지 사사건건 퇴짜야. 겉으로는 잘해주는 척하지만 알고 보면 속은 검은 사람이라고. 순전히 아부를 잘해서 저 자리까지 올라간 거니까. 그러니 조심해."

션은 절망적인 생각이 들었다. 무능한 상사야말로 가장 끔찍한 재앙이 아니던가!

이후 정말 케빈의 말처럼 션의 보고서는 번번이 퇴짜를 맞았다. 션은 도대체 잭이 무엇을 바라는 것인지, 아니 자기가 바라는 게 뭔지 알고 저러는 건지 짜증이 나서 미칠 지경이었다.

션은 늘 케빈과 붙어다니며 슬슬 잭을 피했나. 점심을 먹자는 말도 완곡하게 거절, 보고서를 내라고 하면 케빈이 조언한 대로 잭이 다시 쓰라는 말을 할 수 없도록 시간을 질질 끌다가 마감 당일 촉박하게 내서 수정조차 못 하게 만들기를 반복했다.

그러던 어느 날 션의 자리로 잭의 전화가 걸려왔다.

"션, 오늘 점심 때 시간이 어떤가?"

"아, 저는 선약이……."

"빌어먹을! 자네는 무슨 선약이 그렇게 많은가? 이번엔 무조건 나오라고, 무조건!"

선은 당황한 나머지 알겠다고 얘기하고는 황급히 전화를 끊었다. 늘 인자한 모습으로 이야기하는 잭이 드디어 가면을 벗으려나 보다 생각했다.

무능력한 상사에서
평생의 스승으로

"자네, 이제 여기로 옮긴 지 석 달쯤 됐지? 아마 자네가 여기서 지내는 게 생각만큼 쉽진 않을 거야. 그리고 보기보다 내가 까다롭다는 생각도 들 거고."

선은 뜨끔했다. 하지만 잭은 쩔쩔매는 선에게 오히려 부드러운 표정을 보이며 천천히 말을 이어나갔다.

"난 우리 회사에서만 20년 넘게 일했다네. 그러다 보니 어떤 사람이 이 회사에 맞고 어떤 사람이 맞지 않는지가 보여. 그 뿐인가. 저 친구는 CEO 자리에까지 올라가겠구나, 저 친구는 몇 년 안에 그만두겠구나 하는 느낌도 들지."

잭은 잠시 말을 멈추고 선을 쳐다보며 빙그레 웃었다.

"자네의 보고서를 처음 받아봤을 때 나는 사실 무척 놀랐어. 같은 경력을 가진 동료들에 비해 정말 월등하더군. 그런데 내가 자네를 전혀 칭찬하지도 않고 오히려 보고서를 다시 써오라고 했으니 화도 났을 거야. 이해하네."

선은 잭이 자신의 보고서를 높이 평가했다는 이야기에 어리둥절한 기분을 감출 수 없었다.

"하지만 내가 보기에 자네는 CEO 자리까지 노려봄직한 자질을 갖추고 있는 사람이야. 다른 동료들과 비교를 해서는 안 된다고 생각하네. 자네는 나와 있으면서 좀 더 특별한 트레이닝을 받는다고 생각하고 힘들겠지만 더 많이 노력해줬으면 좋겠어. 고되겠지. 하지만 믿고 따라와 주면 안 되겠나?"

말을 마친 잭은 선을 쳐다보았다. 아직도 선은 뭐가 뭔지 잘 이해할 수가 없었다.

'잭이 괜히 꼼수를 부리는 건 아닐까? 내가 요새 자기를 피하니까 평판관리하려고 저러나?'

선은 잭의 진의가 무엇인지 혼란스러웠지만 일단은 알겠다고 말한 후 그 자리를 일어섰다.

그날 이후 선은 반신반의하기는 했지만 평소 성격답게 잭이 요구하는 보고서와 과제를 소홀히 하진 않았다. 그렇게 시간이 흘러가면서 차츰 선은 잭의 진심을 알아차릴 수 있었다. 케빈의 이야기만 듣고 잭을 욕했던 지난날이 부끄러워질 만큼 잭은 선에게 헌신적이었다. 선이 낸 아이디어를 사업에 적극 반영했고, 그 과정에서 발생하는 시행착오는 모두 본인이 책임졌다. 여느 상사처럼 공을 가로채는 일도 없었다. 그러면서 고집 있고 생각이 뚜렷한 선의 성격을 감안하여 일을 꼼꼼히 알려주기보다는 선 스스로 문제해결능력을 키우도록 이끌어주었다.

"물론 잭이 잘못 본 게 있어요. 제가 CEO 자리에까지 오를 거라고 했는데, 전 그 회사를 10년만 다니고 나와 이렇게 창업을 했거든요. 어쨌든 CEO가 된 셈이지요."

선은 내게 당시를 회상하며 잭에 대한 미안함과 고마움을 이야기했다.

"잭이 아니었다면 제가 이렇게 단기간 내에 크게 성장하지 못했을 겁니다. 잭은 제 평생의 스승이죠. 지금은 아예 저희 회사에 고문으로 모셔왔어요. 정말 지혜로운 분이라 큰 도움이 됩니다."

미끼는 물지도, 던지지도 마라

우리는 종종 남이 던진 미끼를 무는 바람에 감정공격자로 변하곤 한다. 그럴 수밖에 없다. 사람들은 끊임없이 불평과 비난을 늘어놓으며, 때로는 알면서 때로는 무의식적으로 우리를 부정적인 대화에 참여시키려고 하기 때문이다.

문제는 남이 던져준 미끼를 덥석 물기가 너무도 쉬우며 그렇기에 미끼를 무는 일이 자주 일어난다는 점이다.

"알고 보니 케빈도 잭에 대해 잘 모르고 있었어요. 한두 번 보고서가 통과되지 않자 '잭이 이런 사람이려니' 낙인을 찍고 아예 마음을 닫아버렸던 거죠. 그런데 잭에 대한 일반적인 평가가 케빈이 말한 것처럼 그렇게 나쁜 편이 아니더라고요. 케빈이 던진 미끼를 물었던 제가 문제였죠."

그 다음부터 션은 잘 알지도 못하는 사람을 '이러이러한 사람이다' 라고 낙인찍는 일이 없도록 특별히 주의를 기울였다고 말했다. 이 이야기는 나에게도 큰 깨달음을 주었다.

혹시 나와 다른 사람의 대화를 녹음하여 들어본 적이 있는가? 나는 종종 그런 일을 해보는데, 그럴 때마다 깜짝 놀라게 된다. 바로 너나할 것 없이 모두가 부정적인 감정의 미끼를 많이 던지기 때

문이다. 가령 이런 것이다.

> "너희 남편의 가족들은 어때?"
> "응, 다들 좋은 분들이셔."
> "그래? 음······. 시누이도 괜찮아?"

　남에 대한 평가를 상대에게 들으려 할 때 사람들은 기본적으로 삐딱한 시선으로 무언가 좋지 않은 평가가 한 마디 정도 나오길 기대하는 것 같다. "시누이도 괜찮아?"라는 질문에는 "괜찮긴. 뭔가 이상한 점이 있겠지"라고 하는 그릇된 기대심리가 포함되어 있다는 것이다.

> "어제 TV에서 그 쇼 봤어?"
> "응, 봤어. 정말 굉장하지 않았어?"
> "굉장했지. 그런데 그 진행자가 얼마 전에 이혼했다며?"

　마찬가지로 이 대화에서도 질문자는 굳이 의도하진 않았지만 부정적인 이야기를 끄집어내려 하고 있다. 대부분의 사람들이라면 이 뒤에 TV쇼 진행자의 이혼에 관한 온갖 괴소문에 대해 이야기를 나눌 것이다. 하지만 미끼를 물지 않기 위해 일부러 노력하는 사람이라면 "응, 나는 잘 모르겠는데. 별로 관심이 없어서 그런가, 그런

애긴 재미없더라"라고 잘라버리든가 "아, 그래? 그런데 그 쇼에 출연한 가수 정말 노래 잘 부르더라. 그 노래가 뭐였지?" 하는 식으로 화제를 돌려버릴 것이다.

포용력, 미래 인재의 조건

미끼를 물지 않는 것에서 한 걸음 더 나아가 타인을 편견 없이 바라보기 위해 필요한 가장 큰 미덕은 바로 '포용'이다. 《왜 좋은 일은 좋은 사람들에게만 일어날까 Why Good Things Happen to Good People》에서 심리학자 스티븐 포스트 Stephen Post와 질 니마크 Jill Neimark는 사람들 사이를 가로막는 인위적인 장벽을 무너뜨리기 위한 방법을 제안한다. 다음은 두 학자가 주장한 포용력을 기르는 다섯 가지 방법이다.

- 여행을 통해서 포용력을 길러라. 다른 나라, 거주하는 도시의 다른 지역, 주변 지역에 존재하는 다른 문화로 여행을 떠나라. 외국으로 여행을 떠나거든 음식에서부터 패션이나 정치에 이르기까지 그 나라의 문화에 젖어 들어라.
- 차이를 발견함으로써 포용력을 키워라. 국적이 다른 친구들을 찾아서 낯선 세계를 서로 공유하라.

- 다른 문화에 대해 배움으로써 포용력을 습득하라. 이국적인 장소와 문화를 다룬 외국영화와 다큐멘터리를 감상하라. 새로운 언어를 배워라. 전혀 모르는 종교행사나 문화의식에 참석하라.
- 다른 사람들과 함께하는 프로젝트에 합류하라. 종교, 문화, 생활방식이 전혀 다른 사람들과 함께 무엇인가를 만들거나 고치는 커뮤니티 프로젝트를 기획해보자.
- 다른 계층의 사람들을 돕자. 한 달에 몇 시간을 할애하여 정신장애나 신체장애가 있는 사람을 돕는 자원봉사를 시작하라. 장애인을 도우면서 상대의 인간성과 장애에 마음을 열고 다가서도록 노력하라.

포용력은 단순히 인간관계를 잘 맺어가기 위해 필요한 능력이 아니다. 최근 비즈니스계에서는 포용력이야말로 미래형 비즈니스를 위해 반드시 필요한 능력이라고 말한다. 포용력이 있다는 것은 편견 없는 눈으로 사람과 사물을 바라볼 줄 안다는 것을 뜻하고, 이는 곧 역발상, 창의성 등 다양성을 중시하는 요즘 사회에 꼭 필요한 능력과도 직결된다.

쓸데없는 선입견을 갖지 않으려면 처음부터 아예 부정적인 대화가 오갈 수 있는 상황을 만들지 말아야 한다. 또한 평소에도 포용력을 기르기 위해 다양한 문화를 접하며 열린 태도를 키워나갈 수 있어야 한다.

단지 누군가가 먼저 시작했다는 이유만으로 비생산적이고 부정적인 대화에 동참하지 마라. 이미 대화에 동참한 상태라면 대화를 한층 의미 있는 주제로 완곡하게 돌려라. 대화의 내용을 고를 때에도 신중한 태도를 유지하라. 불평을 늘어놓거나 비난을 시작하기 전에 먼저 스스로에게 이렇게 물어보라.

'이런 말이 누구에게 어떻게 도움이 되겠는가? 무슨 이득이 있겠는가? 그런 말로 상황이 개선될까? 이렇게 한다고 우리의 기분이 나아질까? 우리의 관계를 돈독하게 해줄까?'

성급하게 비판을 해서 어떤 결론에 도달했을 때 그것이 맞는 경우는 극히 드물며, 쓸데없이 불평을 하면 우리 모두의 호기심과 창의력이 막히게 된다는 사실을 잊어서는 안 된다. 나쁜 미끼는 던지지도 물지도 말아야 할 일이다.

감정 지키기 연습15 　포용력을 길러라

1. 사람이나 사물에 대해 편견을 심어줄 수 있는 뉘앙스의 대화는 시작도 하지 마라. 일단 그런 대화를 시작하게 되면 나도 모르게 상대의 부정적인 기운을 있는 그대로 흡수해버리고 만다. 그런 대화가 시작되려는 기미가 보이면 상대의 성격에 따라 딱 잘라 그런 대화가 마음에 들지 않는다고 하거나 완곡하게 대화의 주제를 돌려보자.
2. 스스로가 부정적인 대화를 하고자 미끼를 던지는 사람은 아닌지 되돌아보자. 자신이 그렇다고 생각된다면 대화를 할 때 중립적인 톤을 유지하도록 노력하자. "걔도 그런 애야?"라고 묻지 말고 "걔는 어떤 애야?"라고 물어라.
3. 포용력을 키우게 되면 부정적인 대화가 아무리 들끓어도 그것을 있는 그대로 받아들이지 않는 자기만의 주관이 투철해질 수 있다. 다양성을 열린 자세로 받아들일 수 있는 멋진 사람이 되기 위해 익숙한 공간에서 익숙한 사람들이 아닌 낯선 공간에서 낯선 사람들을 만나보라.

3초 법칙 활용법

누군가가 불만을 얘기하거나 험담하는 것을 들으면 3초간 '정말 그럴까?'라는 물음 대신 '어떤 주제로 대화를 돌려야 자연스러울까?'를 생각하라. 그리고 미소를 지으며 새로운 대화주제를 꺼내놔라.

어떻게 다들 이 정도로 비협조적일 수 있습니까?

내가 변하면 도움은 따라온다

04

1998년 나는 야후의 첫 번째 고객관리 이사가 되었다. 당시 회사는 눈부신 성장세를 보이는 상황이었다. 매일매일 수천 명의 새로운 고객들이 야후를 찾았다. 야후의 사용자는 내가 입사했을 때만 해도 거의 4,000만 명에 육박했으며 5년 뒤 내가 퇴사할 무렵에는 2억 명이 넘어갔다.

규모나 성장세와는 별도로 나는 야후가 좋은 직장이라고 생각했다. 꿈을 펼치기에 안성맞춤인 곳이었기 때문이다. 나는 이 회사에 다닌다는 사실 자체를 고맙게 여겼다.

그런데 사세 확장에 대한 기쁨도 잠시, 회사에는 커다란 도전과제가 주어졌다. 바로 급격히 많아지는 고객을 어떻게 지원할 것인지의 문제였다.

도움받고 싶은데
도움 주는 이가 없다

야후는 매주 새로운 제품, 새로운 서비스, 새로운 기능을 출시했지만 고객서비스센터에서 일하는 직원은 얼마 되지 않았다. 고객지원시설이 거의 전무한 것은 물론 시스템도 제대로 갖춰지지 않은 상황이었다. 그러므로 단기간에 처리해야 할 일이 너무도 많았다. 어디서부터 일을 시작할 것인가, 그것이 문제였다.

그 당시에는 고객에게서 걸려오는 전화를 체계적으로 연결할 시스템이라든가 이메일을 분류하고 추적하여 답장을 보낼 안정적인 시스템도 없었다. 수백만 고객들이 요청하는 엄청난 문의량을 감당해낼 믿음직한 이메일시스템이 아직 도입되지 않은 상태였던 것이다.

야후는 여러 회사들을 매입하고 있었는데 그 때문에 우리는 새로운 서비스를 지원하고 새로운 고객을 유치하고 새로운 직원을 흡수해야 할 필요가 있었다. 고객의 요구를 따라잡아 보조를 맞추기 위해서는 적극적으로 고용량을 늘려야 했지만 인터넷사업의 성장 속도가 상대적으로 워낙 빨랐던 터라 채용 가능한 인력의 숫자가 그만큼 빠르게 증가하지 못하고 있었다.

"아무리 예산이 빠듯하다 해도 고객서비스부서에는 최고의 인력을 배치해야 합니다. 현재 고객문의와 불만이 폭주하고 있는데, 이걸 방치했다가는 급속도로 사용자가 빠져나갈 겁니다. 한번 사용자가 줄어들기 시작하면 그 다음에는 걷잡을 수 없는 사용자 이탈 사태가 벌어진다는 얘깁니다."

나는 각 부서장들과 CEO가 함께하는 월례회의에서 고객서비스 부서의 인력충원이 왜 필요한지 설명하며 강력히 충원을 주장했지만 돌아오는 대답은 늘 미지근한 것뿐이었다.

"월스트리트에서는 우리 회사가 비용절감에 총력을 기울여주길 바라고 있어요. 무슨 말인지 알기는 하겠는데 정해진 예산이 빠듯하니……."

"우리 마케팅 부서에서도 인력이 절대적으로 모자랍니다. 하지만 돈이 없다는데 도리가 없지 않아요?"

"우리 부서도 마찬가지에요."

여기저기에서 볼멘소리가 터져 나오는 걸 보며 나는 고객관리 부서만 이런 입장에 놓인 것이 아님을 재빨리 깨달았다. 야후 전체가 전속력으로 움직이고 있었다. 모든 직원이 열심히 일했다. 회사 주차장은 깊은 밤까지 주차되어 있는 차들로 넘쳐났고 밤샘근무를 하는 직원도 많았다.

따라서 그들이 내 요청에 적극적으로 응하지 않은 것도 이해가 되었다. 바쁘지 않은 사람 없고, 인력이 모자라지 않은 부서가 없는 상황이었으니 말이다.

그렇다고 포기할 수는 없었다. 나는 어떻게 하면 모든 부서로부터 지지를 얻어낼 수 있을지 한참을 고민했다.

현명하게 지지를
이끌어내는 법

　몇 주가 지나면서 나는 혼자서 할 수 있는 일이 없다는 사실을 분명히 깨달았다. 내게는 다른 직원들의 도움이 절실히 필요했다. 또한 보고서를 작성하고 이메일을 쓰고 기술자, 제작자, 변호사, 마케팅담당자한테 전화를 하는 것만으로는 우리가 필요한 지원을 받아내기에 충분하지 않다는 사실 또한 분명히 알게 되었다.

　여러 부서로부터 필요한 도움을 얻기 위해서는 그들에게 고객서비스가 얼마나 중요한 업무인지에 대한 인식을 심어주어야 했다. 한 마디로 우리 부서의 중요도 우선순위를 끌어올려야 했는데 이 일을 실현시키기 위해서는 두 가지 문제를 극복해야만 했다.

　첫째, 누구에게나 당연하다는 듯이 지원을 요구해서는 안 되었다. 그들이 자연스럽게 지원하도록 유도해내야만 했다. 고객지원 임무가 아무리 중요하다고 해도 우리 팀에서 문제를 보고할 때마다 기술자, 제작자, 변호사, 마케팅담당자가 모든 업무를 중단하고 우리를 도와주리라 기대할 수는 없었다.

　능력 이상의 과도한 업무를 해내야 하는 소규모 조직에서 일하는 사람이라면 누구나 업무에 우선순위를 매겨야 한다는 사실을 알고 있다. 한 고객의 문제를 해결하느라 한 시간을 보내는 동안 수천 명의 고객, 아니 수백만 명의 고객에게 도움이 될 새로운 기능을 개발하는 데 써야 할 한 시간을 낭비하는 셈이니까.

둘째, 고객서비스 조직은 회사에서 과소평가되는 경우가 많다. 언제라도 합류해서 일하고 싶은 근사한 부서로 평가받지 못한다. 대부분의 사람들은 마케팅, 판매, 기술, 제품개발 등의 부서에 곧장 들어가고 싶어하며, 고객서비스 부서는 기껏해야 출발점으로 여길 뿐 영구히 몸담고 싶은 곳은 아니라고 생각한다.

우리는 이 개념부터 변화시켜야 했다. 복잡하게 연결된 시스템을 이해하고 좋은 제품의 판매를 지원할 최고의 인력을 채용할 필요가 있었다. 또한 야후의 발전속도에 맞춰 성장할 수 있는 조직을 갖추기 위해 숙련된 인력이 부서를 이동하는 일 없이 이 부서에서 계속 근무하도록 여건을 만들어주어야만 했다.

우리는 지금보다 긍정적이고 명랑하며 즐거워져야 했다. 우리가 맡은 일에 대한 열정과 다른 사람에게 받는 지원에 대해 감사하는 마음을 보여줘야만 했다. 우리 부서에 채용하려는 사람들에게는 긍정적인 에너지를 발산하여 그 사람들이 소속감과 존중받는 기분을 느끼도록 만들어야 했다. 고객관리 팀을 누구나 일하고 싶은 훌륭한 부서로 만들고, 우리가 통제하지 못하는 대상은 무시하는 일에 집중해야만 했다.

노스캐롤라이나 채플힐대학의 심리학자인 바바라 프레드릭슨 Barbara Fredrickson은 성공적인 비즈니스관계를 구축하려면 긍정적인 감정이 무엇보다 중요하다고 주장한다. 다음은 프레드릭슨의 저서 《긍정의 발견 Positivity》에 등장하는 내용이다.

무엇보다도 여러분의 긍정성은 주변 사람들의 활기를 북돋아준다. 또한 여러분을 매력적인 사람으로 만드는 커다란 요소이며 전염성도 크다. 여러분이 기쁨을 나눈다면 다른 사람들의 마음에도 기쁨이 솟아날 테니, 이는 지속적인 사회적 관계를 맺는 일련의 과정인 셈이다. 여러분이 마음을 터놓고 다른 사람들과 진심 어린 긍정성을 공유하면 할수록 다른 사람과의 관계는 훨씬 더 공고해질 것이다.

점점 강도가 심해지는 고객의 불만을 떠안았다가 함께 일하는 사람들에게 도로 쏟아내 봐야 누구에게도 도움이 되지 않는다. 우리는 모두 이 사실을 알고 있었다. 우리가 나쁜 소식을 전담하는 부서라는 이유만으로 사람들의 회피대상이 되어서는 안 되었다. 게다가 사람들은 이미 엄청난 스트레스를 안고 있었으므로 우리에게 위안을 받을 필요가 있었다.

가치관을 공유한다는 것

야후에서 우리의 계획을 보기 좋게 성공하기 위해서는 하루빨리 다른 부서의 관심과 존중을 확보하고 뛰어난 직원을 선발하여 보유해야만 했다. 그러기 위해서는 두 가지 조건을 모두 충족할 방법을 알아내야만 했다.

우선 가치관에 집중해야 했다. 이는 다른 부서에 우리의 목표를 명확히 설명하고 이해를 구해야 한다는 의미였다. 그러면 필요한 인력을 확보하고, 직원교육을 시키고, 서비스프로그램을 결정하는 일이 훨씬 쉽게 이루어질 터였다.

우리는 존중할만한 대상에 몰두할 작정이었다. 그래서 고객관리에 관한 다섯 가지 가치관을 만들어냈다. 친절하게, 신속하게, 집중적으로, 열정적으로 그리고 즐겁게 일하자! 이 다섯 가지 가치관으로 전하려는 메시지는 한결같았다.

- 고객과 동료, 야후의 어느 누구에게라도 친절하게 대한다. 그러면 누구라도 우리와 함께 일하고 싶어할 것이다.
- 고객의 문제와 내부의 쟁점을 신속하게 해결한다. 무슨 문제든 우리 팀이 즉각 대응할 것이다.
- 우선순위에 집중하여 야후 고객의 문제를 해결하는 데 헌신한다.
- 열정적으로 살며 매일매일 최선을 다할 에너지를 충분히 충전시킨다. 만약 과제를 해결할 필요가 있다면 밤샘 근무도 마다하지 않을 것이다.
- 즐겁게 일한다. 우리가 근무환경을 즐겁게 만든다면 사람들은 우리와 함께 일하고 싶을 것이다.

여기에 한 가지 더 추가할 가치관이 있었다. 바로 유연하게 일하자는 다짐이었다. 우리는 야후가 어떤 요구를 하더라도 융통성을 발휘하여 대응할 수 있다는 사실을 모두에게 확신시켰다. 또한 새로운 제품과 서비스를 지원할 기회를 기꺼이 받아들였다.

우리는 기존 직원들을 새롭게 교육하는 것은 물론 직원을 채용할 때마다 오리엔테이션 프로그램을 통해 이 다섯 가지 가치관을 가르쳤다. 이 가치관들은 곧 우리가 하는 말과 행동의 지침이었다. 물론 우리가 스스로 세운 기대치를 만족시키지 못하는 날도 많았지만 어떤 경우에라도 이 다섯 가지 가치관에 집중함으로써 너무 오랫동안 뒤떨어지는 일은 없도록 했다.

이후 고객관리팀 직원들은 놀라울 정도로 탁월한 기량을 발휘하기 시작했다. 성과가 나타나자 우리 직원들이 회사의 중요한 동반자로 받아들여진 것은 당연한 수순이었다. 우리는 더 이상 열외로 밀려나지 않았고 마침내 야후에서 전략상 중요한 입지를 차지하는 부서가 된 것이다.

회사에서는 우리 직원들에게 야후의 제품기획과정에도 참여해보는 게 어떻겠느냐는 제안을 했다. 우리는 이 제안을 흔쾌히 받아들여 먼저 부서 내에서 고객에게 제공하는 서비스에 관한 프레젠테이션을 진행한 다음, 경영진에게 3시간 견학을 실시했으며 우리 부서를 지원하는 기술자, 마케팅담당자, 제작자, 변호사에게는 44분간의 고객관리견학을 시켜주었다.

고객관리 업무가 어떻게 이루어지고 고객들이 어떠한 요구를 해오는지 확인한 경영진과 다른 부서 직원들은 견학이 무척 흥미

로웠다고 한 목소리로 말했다. 이번 견학이 앞으로 제품을 개발하고 마케팅을 진행하는 데 커다란 영감을 주었다고 이야기하는 직원도 있었다. 우리 입장에서도 회사 입장에서도 더할 나위 없이 큰 성과였다.

시간이 지나면서 더욱 놀라운 결과가 나타나기 시작했다. 이직이 잦기로 악명 높았던 우리 부서의 직원들이 거의 회사에 그대로 남았던 것이다. 이들 대부분은 중요한 보직으로 승진했으며, 우리가 채용한 직원들 가운데 40명 이상은 다른 부서에 배치되면서 진급을 하게 되었다.

메드트로닉의 전 회장인 빌 조지Bill George는 조직의 가치관을 분명히 이해하는 것이 얼마나 중요한지에 대해 이야기한 바 있다. 그는 자신의 저서 《진실의 리더십Authentic Leadership》에서 '가치관은 새로운 기회가 나타날 때마다 토론하고, 끊임없이 강화하며, 어떤 종류의 경영활동에서도 꾸준히 반영해야만 한다'고 말했다.

나는 야후에서의 경험을 통해 가치관을 공유하고 함께 지켜나가기 위해 노력하는 것이 얼마나 대단한 위력을 발휘하는지 몸소 깨달을 수 있었다. 도움이 필요하다고 하여 세 살 먹은 어린애마냥 징징대거나 투덜거리는 것이 아니라 현명하고 기분 좋게 원하는 도움을 이끌어내는 방법에 대해 배운 셈이다. 문제해결의 출발점이 남에게 감정적으로 굴지 않는 것에 있었다는 이야기는 두말할 필요도 없겠다.

감정 지키기 연습16   **'왜 도움을 받아야 하는지'를 상대에게 제대로 규명하라**

1. 누군가의 도움이 절실히 필요한데 여의치 않은 상황에 놓여 있는가? 내 다급한 상황을 몰라주는 상대가 아무리 야속하더라도 어린애처럼 굴어서는 안 된다. 그러면 해결할 수 있는 일이 없다. 먼저 '상대가 당연히 나를 도와주어야 한다'는 생각을 버려라. 상대에게도 나름의 복잡한 사정이 있을 수 있음을 기억해야 한다.

2. 상대의 입장에서 생각하라. 상대는 자신이 왜 나를 도와주어야 하는지 충분히 납득해야 실제로 도움을 줄 것이다. 따라서 내가 도움을 받을만한 사람이며, 현재 내가 무척 잘해내고 있지만 상대의 도움을 받는다면 훨씬 더 좋은 결과를 만들어낼 수 있을 것이라는 점을 어필해야 한다. 이를 위해서는 실제 노력으로 인해 변화된 나의 모습을 상대에게 보여주면서 더 나은 미래를 기약해야 한다.

3초 법칙 활용법

상대가 별다른 설명 없이 도와달라는 내 요청을 거절했을 때에는 3초간 '이 사람이 나를 도와주게 되면 무슨 일이 생겨날까?'를 상대의 입장에서 생각하라. 상대에게 손해되는 일이 벌어질 것 같으면 일단 수긍한 후 나중에 그 문제를 어떻게 해결할 수 있을지 고민해보라. 그게 아니라면 거절의 이유를 직접 물어보라.

05 누가 짜증을 내면 괜한 사람에게 화를 내게 돼요

감사에너지를 순환시켜라

감정이 만들어내는 에너지는 교묘하게 순환한다. 그것도 참으로 공평하게 부정적인 감정과 긍정적인 감정 모두 에너지를 생산하고, 끌어들이며, 또한 순환한다.

폭군처럼 행동할 때마다 여러분은 좌절, 성급함, 비판, 걱정, 분노 등 부정적인 감정의 에너지를 점점 보태게 된다. 그 결과로 수백만 명의 좌절, 성급함, 비판, 걱정, 분노를 짊어지면서 다른 사람의 고뇌와 불안에 연결된다.

부정적인 에너지순환의 한 연결고리가 되면 자연히 중압감과 부담감과 스트레스를 느끼게 된다. 《용서와 화해 Forgiving and Reconciling》의 저자이자 심리학자인 에버렛 워딩턴 Everett Worthington 은 자신의 연구결과를 토대로 다음과 같이 말한다.

스트레스를 받는 사람들은 종종 적대감을 느낀다. 이런 적대감은 목표권 내에 들어온 사람이면 누구든 겨냥하는, 일반적으로 유동적인 감정이다. … (중략) … 스트레스를 받는 사람들은 분노에 휘둘려 행동하려 하기 때문에 종종 화를 내며 스트레스의 근원을 향해 맹렬하게 덤벼든다.

부정적인 에너지순환의 연결고리에 속하는 순간 '나는 정당한데 그저 나를 둘러싼 세상이 잘못됐다'며 모든 일을 탓하게 된다. 다른 누군가가 잘못했으며 다른 무엇인가가 문제라는 것이다.

부정적 감정의
순환고리에 갇히다

언젠가 나의 아버지는 한 사건을 겪으면서 부정적인 에너지의 순환고리에 갇힐 뻔한 적이 있다고 고백했다. 어느 날 저녁 아버지는 퇴근길에 운전을 하다가 도로에서 한 가지 실수를 저지르는 바람에 집까지 겨우 아홉 블록만을 남겨놓고 연쇄적인 사건을 일으키고 말았다.

아버지는 사무실에서 늦게 출발하는 바람에 퇴근을 서두르고 있었다. 게다가 그때만 해도 아버지는 차를 꽤 거칠게 몰았다. 그래서인지 차를 틀면서 다른 차의 앞길을 막았던 모양이다. 갑자기 아버지 차 뒤에 있던 작은 차의 운전자가 경적을 울리고 소리를 지르면서 주먹질을 해대기 시작했다. 그러더니 느닷없이 가속장치를 밟고 아버지 차 옆을 휙 지나면서 진로를 막아버렸다. 도로 옆으로 차를 대라는 신호를 요란하게 보내면서 주차공간으로 차를 급하게 밀어 넣고는 브레이크를 꾹 밟았던 것이다. 아버지도 뒤따라서 그 사람 뒤에 차를 세웠다.

'기분은 나도 엄청 나쁘다고! 뭔가 할 말이 있는 모양인데, 좋아. 어디 한 번 들어보지.'

문을 열고 차에서 내리면서 고개를 들어보니 아버지 말로는 '그간 만났던 사람 중에 덩치가 최고로 클 것 같은 사람'이 작은 차에서 내리고 있더란다. 그 사람은 막 운동을 끝내고 오는 길인 듯했고, 민소매셔츠 밖으로 울퉁불퉁 튀어나온 근육을 자랑하고 있었다.

'이제 어쩌지? 저런 사람이랑 싸울 수도 없고. 차에서 내리지 말 걸. 그럴 일도 아니었는데.'

아버지는 슬그머니 차 안으로 들어가서 천천히 문을 닫았다. 그랬더니 삼손 같은 남자가 차로 다가와서는 밖으로 나오라고 고래고래 고함을 지르는 것이 아닌가. 하지만 아버지는 꼼짝도 하지 않고 단단히 잠긴 문과 창문을 방패삼아 그 사람을 물끄러미 쳐다보며 계속 "미안하게 됐습니다. 정말 죄송해요. 이봐요, 다 제 잘못이에요. 죄송합니다"라고 말했다.

마침내 그 사람은 몸을 돌려 작은 차로 돌아갔다. 아버지는 다시

도로로 차를 몰고 나와 풀이 죽은 채로 집에 돌아왔다.

내가 아버지에게 그날 어째서 물러섰느냐고 묻자 아버지는 껄껄 웃으며 대답했다.

"맞고 싶지 않았으니까. 그 아저씨 몸집이 엄청났거든!"

우리는 둘 다 웃음을 터뜨렸다. 그러고는 아버지가 말을 이었다.

"사실대로 말하면 이미 실수를 저지른 마당에 다른 실수를 한 가지 더하고 싶지 않았단다. 그런 식으로 운전한 것만 해도 정말 큰 잘못이었으니까. 한 가지 실수를 더하면 자신은 물론이고 다른 사람까지 다치게 할 수 있지. 그래서 주먹다짐까지 할 필요는 없다고 판단한 거야. 더 이상 일을 악화시키고 싶지 않았으니까. 나한테는 집에서 내가 돌아오기만을 기다리는 아들 두 놈과 아내가 있잖니. 아무튼 바로 그날부터 난 도로에서 운전을 서두르지 않게 되었단다. 거친 남자 행세는 그날로 끝이었지."

나는 아버지가 검투사처럼 행동하지 않고 현명하게도 싸움에서 물러섰기 때문에 더욱 존경스럽다고 말했다. 그러자 아버지는 한마디 덧붙였다.

"만약 그런 일이 오늘 일어났으면 무슨 상황이 벌어졌을지 누가 알겠니. 예전에야 싸움이 붙어도 서로 주먹으로 두들겨 패면 그만이었지. 요즘 같으면 총을 맞을 수도 있단다. 설상가상으로 지나가던 죄 없는 행인이 다칠 수도 있겠지. 정말이지 다시는 상황을 그렇게 악화시키지 않을 거란다."

감정이 만들어내는 에너지는 교묘하게 순환한다.
폭군처럼 행동할 때마다 여러분은 좌절, 걱정, 분노 등
부정적인 감정의 에너지를 점점 보태게 된다.
그 결과로 수백만 명의 좌절, 걱정, 분노를 짊어지면서
다른 사람의 고뇌와 불안에 연결된다.

감사의 순환이
시작되는 순간

다행히 부정적인 에너지만 순환하는 것은 아니다. 희망과 친절로 가득 찬 감사의 순환 역시 여러분의 주변에 항상 존재하고 있다. 나는 작년에 딸들을 데리고 찾아간 어느 비디오대여점에서 이 사실을 깨달았다.

우리는 비디오를 하나 골라 카운터에 가서 기다리고 있었다. 그런데 좀처럼 점원이 전화를 끊지 못하고 있었다. 전화를 걸어온 고객은 까다롭게 굴면서 점원을 쉽게 놓아줄 기세가 아니었다. 그러나 점원은 전화를 받으면서도 우리가 기다린다는 사실을 안다는 듯 눈빛을 보냈다. 점원이 보내는 메시지는 가능한 한 빨리 우리를 도와주겠다는 뜻이었다.

우리가 기다리는 것조차 점원에게 부담을 줄 수 있겠다는 생각이 들었다. 그 시간에 가게에서 일하는 점원은 그 사람 혼자뿐이었으며 고객들이 우리 뒤로 길게 줄을 늘어서 있었기 때문이다.

나는 카운터에서 고개를 돌려 집에 가면 팝콘이라도 만들어 먹자고 일부러 딸들에게 말을 걸었다. 바로 그때 점원이 전화를 끊고 우리를 불렀다.

"기다리시게 해서 죄송합니다."
"전화로 아주 힘든 손님을 상대하셨나 봐요."
내가 웃으며 말했다.

"예. 하지만 괜찮습니다. 괜찮아요."

나는 점원에게 대여료를 건넸다. 점원은 비디오를 비닐봉지에 넣어 건네주었다. 나는 "고맙습니다"라고 말하며 딸들과 함께 출구로 걸어갔다.

출구에 이르기 전에 딸들은 누가 봉지를 들고 갈 것인지를 놓고 다투기 시작했다. 아마 어린 아이들을 돌본 적이 있는 사람이라면 누구나 이런 경험이 있을 것이다.

나는 걸음을 멈추고 중재에 나섰다.

"이번에 봉지를 들고갈 사람은······."

"아, 잠깐만요!"

내가 이야기를 꺼내려는 순간 점원이 카운터 뒤에서 나와 재빨리 우리 쪽으로 걸어왔다. 점원의 손에는 봉지 하나가 들려 있었다.

"얘들아, 나에게 봉지 하나가 더 있어. 한 명은 새 카탈로그가 담긴 봉지를 들고 다른 한 명은 비디오가 든 봉지를 들고 가렴. 둘 다 봉지를 드는 거야. 어때?"

딸들이 서로 쳐다보더니 웃음을 머금고 대답했다.

"와! 고맙습니다."

점원은 나를 보며 활짝 웃고는 말했다.

"저도 딸이 두 명 있어요. 만날 겪는 일이죠."

그러고는 당당하게 다음 손님을 상대하러 자리로 돌아갔다.

어느 감정을 순환시킬지
결정은 당신의 몫

맨 처음 나의 아버지는 부정적인 감정의 순환에 일조하였다. 그렇게 거칠게 운전을 하고 다른 운전자가 걸어온 싸움을 받아들인 것은 잘못이었다. 하지만 다행히도 자신이 빠져든 부정적인 감정의 순환고리를 끊어야 한다는 걸 깨달았다. 아버지는 자신과 상대 운전자가 위험한 선을 넘기 일보 직전임을 알아차리고서 한 발 물러났던 것이다.

부정적인 감정의 순환에서 벗어나려면 자신이 저지른 행동에 책임을 져야 한다. 자신이 다른 사람에게 부정적인 감정을 전염시키고 있다는 점을 알아차린 순간 나의 아버지가 그랬던 것처럼 즉시 행동을 멈춰라. 다른 사람으로 인해서 나쁜 생각이나 행동에 빠지지도 마라. 자신이 부정적인 감정의 순환고리에 빨려들고 있다는 생각이 들거든 재빨리 거기에서 벗어나라.

부정적인 감정의 순환고리를 끊는 데서 한 발 더 나아가 두 번째 이야기에 등장한 비디오가게 점원과 같이 오히려 감사의 순환고리를 만드는 연습도 해보자. 그 점원에게는 선택권이 있었다. 전화를 건 손님에게 받은 스트레스를 남에게 풀어버림으로써 부정적인 감정을 순환시킬 수도 있었다. 반대로 손님이 쏟아낸 폭언은 싹 무시해버린 채 자기와 비슷한 입장의 한 부모에게 도움의 손길을 베풂으로써 감사의 순환을 북돋울 수도 있었다. 그는 주저하지 않고 부정적인 감정의 순환고리를 딱 끊었으며, 오히려 감사의 에너지를 순환시키기로 결정한 셈이다.

주변을 돌아보라. 누군가가 부정적인 감정의 순환을 멈추고 감사의 순환을 시작하는 모습을 보게 되거든 여러분이 그에게 고마워하고 있다는 사실을 즉시 말해주어라. 그래서 그가 더욱 더 커다란 감사의 순환을 해나갈 수 있도록 북돋아라.

짜증이 아니라 미소를 퍼뜨려라. 분노가 아니라 고마움을 퍼뜨려라. 부정적인 에너지가 아니라 긍정적인 에너지를 퍼뜨려라. 여러분은 더욱 행복해질 것이며, 그렇게 행복한 여러분 덕분에 주변의 모든 사람들이 행복해질 것이다.

감정 지키기 연습17   지금 당장 감사의 순환을 시작하라

1. 감정은 다른 사람에게 전염되기 쉽고 계속 순환할 수 있다. 따라서 내 감정이 부정적인 순환고리를 만들 수도, 긍정적인 순환고리를 만들 수도 있음을 명심하자. 또한 나에게서 시작되는 감정이든 남이 내게 퍼뜨리려는 감정이든, 이것을 남에게 전염시킬지 말지에 대한 선택권은 나에게 있다는 사실을 기억하자.
2. 매일 남과 자신의 장점을 찾음으로써 감사의 순환에 '의식적으로' 몰두하라. 의식적으로 몰두하지 않으면 순환을 시작할 수 있는 상황조차 그냥 넘겨버릴 수 있기 때문이다. 매일 감사의 순환을 시작하는 말을 3번 이상 한다고 생각하자. 주어진 상황에서 장점을 찾아 최대한 활용하라. 별로 중요하지도 않은 부정적인 것들에 시간과 에너지를 낭비하지 마라. 그 대신 주의를 집중해야 할 도전을 위해 열정을 아껴두자.

3초 법칙 활용법

가정에서는 아침저녁 2번, 회사나 학교에서는 1번씩, 하루 3번 3초간 '오늘은 누구에게, 무엇에 대해 고맙다고 이야기할까?'를 궁리하라. 대답이 떠오르면 활짝 웃는 얼굴로 상대에게 감사의 이야기를 건네자. 우리가 몸담고 있는 공간에 감사의 순환에너지가 더욱 커질 것이다.

제가 너무 불평이 심하다네요 06

투기 대신 배출을 하라

"그렇다면 계속 참아야만 하나요?"

타인이 부당한 감정공격을 해온다 해도 그저 무시해버리라는 내 말에, 대부분의 사람들은 이렇게 묻는다. 당연히 그럴 리 없다. 불편한 감정을 가슴 속에 쌓아두기만 한다면 건강에 해로울 수도 있으므로 때로는 감정을 공유할 수 있는 상대에게 나의 힘겨운 이야기를 자연스럽게 배출할 필요가 있다. 다만 중요한 것은 '투기'와 '배출'이 다르다는 점을 알아야 한다는 것이다.

처음에는 자신이 타인에게 부정적인 에너지를 투기하는지, 배출하는지조차 확신하지 못하는 상황에 직면할 수 있다. 하지만 투기와 배출은 완전히 다르다.

배출은 남에게 자신의 문제를 이해시키는 데 도움이 되는 반면,

투기는 남에게 부담감만 안겨준다. 배출은 여러분이 직면한 역경을 입증하고 인정해달라며 누군가에게 보내는 요청이다. 즉 남에게 이해를 얻기 위한 노력이며 남이 여러분의 감정과 연결되기를 원하는 자연스러운 욕구에서 비롯된다.

부정적인 감정을 배출하려면 허락부터 구하라

배출은 먼저 허락을 받고 하는 것이다. 친구나 가족에게 "내가 어쩔 수 없이 화를 내더라도 일단 어떤 비판도 하지 말아주었으면 좋겠다"라고 양해를 구한 후 이루어지는 행위인 셈이다. 그럴 경우 보통의 친구나 가족이라면 여러분이 분노를 배출할 수 있도록 안식처를 마련해줄 것이다.

하지만 허락을 받지도 못했으면서 불평, 걱정, 좌절, 실망을 누군가에게 풀어놓는다면 배출이 투기로 변해버린다. 그러니 형편없는 투기꾼이 되고 싶지 않다면 오로지 한 가지 방법밖에 없다. 허락을 구하라.

"내가 지금 무척 화가 나는데, 잠깐 내 얘길 해도 될까?"라든가 "솔직히 정말 실망스러워. 이 얘기가 별로 기분 좋은 얘긴 아니겠지만 좀 들어줬으면 좋겠어" "미안한데 내가 지금 너무 답답해서…. 너한테라도 이 얘길 하면 안 될까?"라고 물으며 먼저 정중하게 양해를 구하라.

분명 상대에게도 나름의 관심사가 있을 것이고 부정적인 이야기를 듣지 않을 권리도 있을 것이다. 따라서 허락 없이 일방적으로 나의 부정적인 이야기를 쏟아낸다면 상대를 무시하는 꼴이 되고 만다. 상대의 상황은 아랑곳하지 않은 채 지금 생각나는 이야기를 아무 것이나 꺼내는 것처럼 보일 수 있으며, 남의 생활을 간섭하겠다는 심사로밖에 읽히지 않는다는 것이다.

물론 이야기를 할 때 모두 생각을 하고 시작하는 것은 아니다. 이야기를 하다가 문득 '아, 내가 지금 하는 이야기가 이 사람 입장에서는 들어서 좋을 게 없겠구나' 라는 생각이 들 수도 있다. 그러면 어떻게 해야 할까?

대답은 아주 단순하다. 그대로 멈춰라. 꼭 이야기할 필요가 있는지 자문하라. 만약 "그렇다"라는 대답이 떠오르면 다소 늦었지만 허락을 받아라.

"이야기를 하다 보니 내가 너무 흥분했네. 이런 얘기 별로 듣기 좋은 것도 아닌데 힘들지? 계속 얘기해도 괜찮을까?"라거나 "우울한 얘기를 해서 네 기분까지 우울해진 건 아닌가 모르겠다. 그래도 너무 힘들어 그런데 좀 더 이야기해도 될까?"라고 물어라. 허락을 받고 나면 고민을 공유해도 좋다.

하지만 상대가 "사실 좀 듣기가 힘들긴 하다"라거나 "실은 지금 시간이 없어서…"라고 곤란한 기색을 보이면 상대의 뜻을 존중해주고 다음에 고민을 공유할 더 좋은 시간을 잡거나 마음을 털어놓을 수 있는 다른 대상을 물색하라. 상대에게 다소 서운한 마음이 들더라도 그의 입장을 이해하려고 노력해야 한다. 특히 상대가 타인의 부정적인 에너지에 쉽게 감염될 수 있는 성격을 가지고 있다면 그가 그렇게 이야기하는 것도 무리가 아니라는 사실을 쉽게 수긍할 수 있을 것이다.

감정투기는
불쾌감만 공유한다

누군가에게 '내가 지금 이 무거운 감정을 배출해도 괜찮겠느냐'라고 허락을 구한다는 것은 '내가 당신과 공유하려는 이 감정이 순간적이라서 영원히 지속되지는 않는다'라는 의미를 내포한다. 일단 감정을 밖으로 내보내고 나면 배출은 끝난다. 상대의 피드백에 귀를 기울이긴 해야 하지만 그것이 큰 의미를 갖는 것은 아니다. 내 감정을 배출하는 것, 상대가 내 이야기에 공감해주고 마음의 짐을 나눠서 져준다는 걸 깨닫는 것만으로도 어느 정도 기분이 풀리기 때문이다.

이렇게 마음이 안정을 찾고 나면 원래 하던 일로 되돌아갔을 때 아마 더 나은 태도를 갖게 될 것이다. 이때 잊지 말아야 할 것이 있다. 나중에라도 나의 이야기를 잘 들어주고 공감해준 상대에게 지지해줘서 고맙다는 이야기를 전하는 것이다. 그 말을 들은 상대는 자신이 남의 이야기를 잘 들어주는 배려 깊은 사람으로 인정받은 데 대해 말할 수 없이 큰 기쁨과 뿌듯함을 느낄 것이다. 결과적으로 두 사람의 관계는 더욱 공고해질 것이다.

배출과 달리 투기는 끝이 보이지 않는 악순환을 불러온다. 허락도 받지 않은 채 터져 나온 여러분의 불만은 상대에게 마음의 준비를 할 시간조차 주지 않는다. 아무런 준비가 없는 상태에서 느닷없이 불평불만, 우울, 분노 폭탄을 맞은 상대는 어안이 벙벙해지는 한편 점점 기분이 불쾌해질 것이다. 당연히 상대는 여러분의 기분을 전혀 이해할 수 없을 것이므로 불편한 기색을 보이거나 겉도는 위로만 몇 마디 건넬 것이다. 그러면 여러분 역시 말을 다 끝내고 나서도 속이 시원할 리 없다. 어쩌면 '내가 뭐 잘못한 게 아닐까?' 하는 걱정이 든다거나 '역시 이 사람도 똑같은 인간이었어' 하는 옅은 배신감이 스밀스밀 기어 올라올 수도 있다.

결국 투기는 나의 시간은 물론 남의 시간까지 허비하는 일이며, 나의 짐을 남과 나눠서 지는 것이 아니라 똑같은 짐을 상대에게 하나 더 얹어주는 꼴에 불과하다. 심지어 투기꾼들은 자기 문제에만 지나치게 몰두한 나머지 그 누구에게도 고마움을 표현할 줄 모른다. 이러한 이들의 인간관계가 온전할 리 없다.

존 가트맨John Gattman은 《가족관계 치료 The Relationship Cure》에서 다른 형태의 감정투기를 지적하며 대화 도중 일어나는 감정투기를 '가혹한 말문'이라고 표현했다. 그는 누군가와 소통을 원하는 마음으로 말문을 열었다 하더라도 '상당히 부정적이거나 비판적이거나 비난하는 태도로 대화를 시작하기 때문에 기대와는 전혀 다른 반응을 얻을 뿐이다. 상대를 밖으로 몰아내는 형국'이라고 말한다.

가트맨이 부부들을 대상으로 실시한 연구에 따르면 96퍼센트의 경우 대화를 시작하고 처음 3분 동안 반응을 관찰하면 앞으로 15분간 이어질 대화에서 나올 결론을 예상할 수 있다고 한다. 만약 처음 3분 동안 부정적인 태도, 비난, 비판이 너무 많이 오간다면 결과는 그다지 좋지 않을 것이란 이야기이다.

기분 나쁜 감정을 똑같이 느끼지 않는 이상 상대가 나의 고통을 이해하지 못하리라고 믿는다면 상황은 더욱 심각해진다. 상대가 나의 이야기를 귀담아 들어주는 정도로 만족하지 못하고 상대에게 똑같은 고통을 맛보게 해야만 직성이 풀리는 사람들이 여기에 해당한다.

이들은 자신의 불행을 상대가 충분히 이해하려면 자신의 부정적인 감정을 상대가 똑같이 느껴야 한다고 확신한다. 다른 사람에게 충고나 위로를 얻는 대신 모두가 똑같이 비참한 기분을 느낄 때까지 감정을 누그러뜨리지 못하는 이들은 마침내 자신의 기분을 상대에게 주입하는 데 성공하게 마련이다. 이 얼마나 끔찍한 감정의 악순환인가!

다른 사람이 자신의 마음을 읽어주기 기대할 때에는 새로운 형태의 투기가 일어난다. 예를 들어 나쁜 소식을 사람들과 공유한 뒤 예상했던 것과 다른 반응이 돌아오면 여러분은 위축되거나 화가 나거나 심지어 아무 관심도 받지 못했다고 느낄지 모른다. 이런 반응은 지나치게 호들갑스럽다. 다른 사람들은 여러분이 원하는 대로 처음부터 여러분을 걱정해주거나 기뻐해주지 못했는지 모르지만 그렇다고 만사가 허사인 것은 아니다.

때때로 사람들은 단순히 다른 일에 정신이 팔려 있어서 남의 이야기에 귀를 기울이지 못하곤 한다. 어쩌면 여러분은 상대에게 미처 나의 이야기에 관심을 돌릴 시간도 주지 않은 채 먼저 이야기를 털어놓기 시작했는지도 모른다.

그러니 이제는 그저 이렇게 말을 건네보자.

"신나는 일이 생겼는데 좀 들어볼래?"

만약 걱정스러운 일이 있어서 사람들의 주의를 끌고 싶다면 이렇게 말하는 게 어떨까?

"걱정스러운 일이 생겨서 그러는데 조언 좀 구해도 될까? 시간 좀 있어?"

이야기를 시작하기 전에 이런 질문을 던진다면 소중한 사람들의 주의를 사로잡을 수 있다. 중요한 일을 알려주고 싶은 여러분의 마음을 알아차리도록 상대에게 기회를 준다면 만족스럽고 의미 있는 대화를 나눌 가능성이 커진다.

사람들에게 독심술을 기대해서는 안 된다. 그래야만 좌절감과 실망감을 지울 수 있으며 감정공격자로 변신하는 일도 막을 수 있다.

스스로가 변화를 만들어내는
사람이라는 믿음

앞에서 살펴본 바와 같이 배출에는 의심의 여지없이 긍정적인 면이 있다. 좌절감을 표현함으로써 일차적으로 마음이 풀리고, 그 다음으로는 인생의 무엇인가가 잘못되었으니 고민할 필요가 있다고 깨닫기 때문이다.

또한 배출행위를 통해 다양한 관점에 귀를 기울이고 새로운 것을 배울 기회가 생긴다. 그러나 끊임없이 다른 사람에게 감정을 배출한다면 조치를 취할 필요가 있다.

자신의 감정배출이 과도하다는 생각이 들었을 때 할 수 있는 중요한 일이 두 가지 있다. 첫째, 스스로 상황을 통제하고 있는지 돌아보라. 만약 그렇지 않다는 것이 명백하다면 마음을 괴롭히는 것이 무엇이든 깊이 생각하지 말고 무시하려고 노력하라.

생각은 '하는' 것이 아니라 '나는' 것이라지만 매일 의식적으로 무시하기 위해 노력하다 보면 일이 좀 더 쉬워진다. 명상을 해보는 것도 좋다. 이렇게 날 괴롭히는 대상을 무시할 때마다 감정에너지의 낭비를 줄일 수 있으며, 여러분의 마음 근육은 점점 더 단단해질 것이다.

이 말은 중요한 의미를 내포한다. 사소한 일에 일일이 반응하다 보면 곧 완전히 지쳐버리게 될 것이며, 정작 중요한 관심사를 해결함 힘이 부족해질 것이다. 그러나 나쁜 일들을 무시하다 보면 자신의 자제력과 조절능력에 스스로 감탄하게 되어 힘과 에너지가 더욱 증가할 것이다. 정말 중요한 관심사를 해결하고도 힘은 남아돌 것이다.

〈자제력 강도 모형 The Strength Model of Self control〉이라는 논문에서 바우마이스터와 동료 심리학자인 캐슬린 보 Kathleen Vohs, 다이앤 타이스 Dianne Tice는 '언어행동 개조와 같은 자제력훈련을 매일매일 하면 자제력이 꾸준히 개선된다'고 말한다. 자제력을 개선함으로써 생기는 이익은 상당히 크고 중요하다. 〈자아고갈과 자제력의 실패 Ego Depletion and Self Control Failure〉라는 논문에서 바우마이스터는 이렇게 설명한다.

자제력에서 높은 점수를 기록한 사람들은 다양한 영역에서 남보다 좋은 결과를 얻었다. 대학시절에는 좋은 성적을 받았으며, 섭식장애나 알코올남용 문제를 일으키는 경우도 적었다. 전반적으로 정신병리학이나 정신질환을 앓는 사람도 적었다. … (중략) … 대인관계도 훨씬 원만하고 안정적이었다. 정서적인 문제를 겪는 일도 적었고 분노조절에도 한층 능했다.

이제 좌절에서 벗어나기 위한 두 번째 단계를 살펴보자. 스스로가 상황을 통제하고 있는지 돌아본 후에는 '내가 처한 상황에 대한 선택권은 나 자신에게 있으며, 내 행동에 따른 결과가 주변에 크고 작은 영향을 미칠 것'이라는 사실을 확실히 인지해야 한다.

이것은 자칫 추상적으로 들릴 수 있지만 매우 중요한 부분이다. 사안을 제대로 이해하기도 전에 일차적인 감정에 치우쳐 곧바로 비난부터 퍼붓게 되는 경우가 얼마나 많은가! 중요한 것은 이미 벌어진 이 일에 대해 내가 취할 수 있는 행동이 어떤 것들인지 그 가능성과 시나리오를 따져보는 것일 텐데 말이다.

내게 다양한 선택권이 있다는 사실을 기억하라. 예를 들면 이런 것이다. 회사에서 갑자기 인사고과 기준이 달라졌다는 공지가 게시됐다. 나는 이번에 승진을 확신하고 있던 터라 이러한 회사의 결정이 불안하고 못 미덥다. 아니나 다를까 새로운 인사고과 기준은 내가 하는 업무의 특성을 전혀 이해하지 못하고 만들어진 것 같다. 이때 어떻게 하는 것이 최선일까?

평범한 사람이라면 주변동료들과 흥분해서 회사를 욕하고 좌절감에 휩싸일 것이다. 이 일에 대처하기 위한 수많은 옵션을 가지고도 이를 전혀 생각지 못하는 것이다.

하지만 현명한 사람이라면 분노를 자제하고 불평을 멈춘 다음 '어떻게 항의해야 효과적일까?'를 고민한다. 최적의 해결법을 찾았다는 생각이 들면 비로소 상사에게 직접 찾아가 자신의 의견을 전달하거나 인사부에 정식으로 항의를 한다. 내가 어떻게 행동해야 가장 올바른 영향을 미칠 수 있을지 계산한 다음 움직이는 셈이다.

행복해지는 비결 중 하나는 자신의 삶이 소중하며 스스로가 변화를 만들어낼 수 있는 사람이라 믿는 것이다. 관심 가는 문제에 대해 끊임없이 감정을 투기하는 것이 아니라 그 일을 해결하기 위해 조치를 취해야 한다는 사실을 깨닫는다면 기분도 훨씬 좋아지고 더 많은 일을 성취할 수 있을 것이다.

불평에 대처하는
다섯 가지 방법

경계를 조금이라도 늦춘다면 배출은 자칫 중상모략과 쑥덕공론으로 변질되기 쉽다. 자신은 표적이 되고 싶지 않으면서 다른 사람을 표적으로 삼아 비판을 일삼는다면 스스로가 문제의 일부가 되기 십상이다.

흔히 사람들은 자신이 불평을 늘어놓으면서도 그것이 불평인지조차 모르거나, 불평해도 당연한 사람을 욕한다고 생각한다. 또한 다른 사람의 불평을 들을 때도 그것을 대수롭지 않게 그대로 흡수하는 경우가 많다.

하지만 '불평하고 있다'는 사실을 감지하는 것은 대단히 중요하다. 그렇지 않으면 부정적인 기운이 말하는 사람이나 듣는 사람 모두를 사정없이 휘감을 것이다.

여기 불평에 대처하는 다섯 가지 방법을 정리해두었다. 찬찬히 살펴보면서 지금부터라도 하나하나 실천해보자.

- 상대가 늘어놓는 불평 중에 일리 있는 것이 있다면 그가 그 문제를 처리하도록 도와주어라.
- 상대의 불평이 일시적이고 사소한 내용이라면 대화의 방향을 건설적인 주제로 바꿔라.
- 상대가 고집스럽게 불평을 늘어놓는다면 잠시 동안 배출할 필요가 있는지 물어보라. 그런 질문을 받는 것만으로도 사람들은 다소 마음을 진정시킬 수 있으며, 질문에 대답하려고 고심하는 와중에 불평으로 숨겨놓은 감정을 조금이라도 해소할 것이다. 또한 부정적인 에너지의 일부를 분산하는 데도 도움이 된다. 만약 사람들이 그러겠다고 대답한 다음 배출을 시작하거든 이야기에 귀를 기울여주어라.
- 상대가 이따금 같은 쟁점에 대해 이야기를 반복한다고 느끼면 그가 문제의 근원으로 들어갈 수 있도록 인도하라. 상대의 성격에 따라 직접적으로 얘기해주거나 돌려서 설명하라.
- 나의 인생에 부정적인 영향을 미치는 타인이 너무 많다고 느낀다면 상대에게 그 불평으로 인해 나와의 관계 혹은 다른 사람과의 관계가 어떻게 손상되는지 친절히 깨우쳐 주어라. 그래도 태도를 바꾸지 못하거든 최대한 그들과 관계를 단절하라. 그런 다음 미소를 지은 채 손을 흔들며 행운을 빌어주어라. 여러분은 이제 눈길을 돌려야 하며, 그들도 더 이상 여러분에게 불평을 늘어놓을 수 없다는 사실을 알아야 한다.

결론적으로 적절한 활용방법을 알고 꼭 필요한 때에만 시도한다면 감정의 배출은 도움이 된다. 하지만 감정의 투기는 결코 도움이 되지 않으므로 피해야만 한다. 여러분은 남에게 감정을 투기하는 대신 스스로의 인생에서 중요한 것을 공유하려고 노력해야 한다.

감정 지키기 연습18 　감정배출은 괜찮지만 투기는 하지 마라

1. 감정의 배출과 투기는 엄연히 다르다. 배출은 상대에게 자신의 부정적인 감정을 잠시 이야기해도 좋을지 미리 양해를 구한 후 자신의 감정상태 위주로 말하면서 괴로움을 해소하는 행위이지만 투기는 사전 허락 없이 부정적인 이야기를 꺼내놓으면서 자신의 감정상태는 물론 제삼자에 대한 험담까지 입에 올려 대화상대를 불편하게 만드는 행위이다.
2. 배출은 좋은 행위이지만 너무 자주 할 경우 상대를 지치게 할 수 있으므로 주의하자. 또한 상대가 나의 말에 충분히 공감해주지 못한다고 해서 그를 탓해서는 안 된다. 나의 감정을 이야기하는 데 집중함으로써 스스로의 마음을 조금이나마 편안하게 하는 데 집중하라. 물론 내 이야기에 대해 상대가 해주는 코멘트를 귀 기울여 들으면서 사안을 보는 다른 관점에 대해서도 알아둘 필요가 있다.
3. 불평을 들을 때에도 기술이 있다. 상대의 불평이 사소하다면 다른 화제로 주의를 돌리되, 심각하다면 상대가 문제의 본질을 들여다볼 수 있도록 대화를 유도하라. 그러나 이런 일이 너무 많이 발생하여 스스로가 괴로워진다면 상대에게 그런 불평이 인간관계에 얼마나 나쁜 영향을 미치는지 알려주어라. 그래도 고쳐지지 않는다면 그와의 관계를 되도록 차단하라.

3초 법칙 활용법

답답하고 괴로운 마음을 누군가에게 털어놓고 싶다면 3초간 '상대가 내 부정적인 감정에 휘둘릴만한 사람인가?'를 생각하라. 남의 이야기에 전혀 흔들리지 않는 사람이 있는가 하면 지나칠 만큼 감정이입을 잘하는 사람도 있으므로 대화상대를 고르는 데 신중해야 한다.

CHAPTER 4

혼자서는
행복해질 수 없다

"책임감을 가져야 한다.
부정적인 에너지를 퍼뜨리는 게 얼마나 큰 잘못인지 깨닫고,
긍정적인 에너지를 퍼뜨리는 매개체가 되어야 한다.
직장에서는 무례한 태도만으로도 재앙을 불러올 수 있다.
그것이 직장의 생산성에 얼마나 큰 타격을 입히는지 고려한다면
여러분은 더욱 더 부정적인 감정을 사그라들게 하기 위해 최선을 다할 것이다"

01 가정에서도 행복하고 싶어요

다 함께 원칙을 만들어라

　나는 부정적인 감정이라곤 없는 집안에서 성장했다. 어머니와 할머니로부터 '성질 부리기'란 있을 수 없는 일이라는 교훈을 일찌감치 배워둔 덕분이다.

　우리 가족들끼리는 서로 어떤 이야기를 건네도 상관없었지만 신경질적이거나 무례한 태도로 이야기하는 것은 허용되지 않았다. 자신의 문제를 다른 가족과 공유하는 것은 괜찮았지만 그 문제로 인해 상대에게 분풀이를 해서는 안 되었다. 불 같이 화를 내는 일은 생각할 수조차 없었다. 할머니는 내가 아홉 살 때부터 집안의 규칙을 철저히 일러두셨다.

　"남에게는 어떤 식으로든 절대 피해를 주면 안 된다. 특히 가족끼리는 더욱 조심해야 해."

아버지가 언제 떠나실지
아무도 모르는 거란다

내가 10대 시절이던 어느 겨울 나는 조부모님, 부모님, 남동생과 함께 영화를 보고 나서 다 같이 쇼핑몰에 몰려 갔다. 당시 나는 기억조차 나지 않는 이유로 아버지에게 단단히 화가 나 있었고, 내 나이 또래의 아이들이 흔히 그러하듯이 뾰로통해져서는 아버지와 말도 하지 않았다.

그날 밤은 눈이 내렸고 기온이 영하로 떨어져 몹시 추웠다. 쇼핑을 마치고 아버지가 차를 가지러 간 사이, 나머지 가족들은 건물입구에서 아버지를 기다리고 있었다.

바로 그때 할머니가 내게 다가와서 말씀하셨다.

"대체 아버지한테 왜 그리 화가 났는지 모르겠구나. 하지만 아버진 널 사랑하시고 너도 아버질 사랑하잖니. 그렇게 화난 채로 잠자리에 들지 않았으면 좋겠구나. 오늘 밤 자러 가기 전에 꼭 아버지를 안고 뽀뽀를 해드려라."

그리고 나서 할머니는 나를 가까이 잡아당기고는 이렇게 속삭이셨다.

"아버지한테 꼭 사랑한다고 말씀드리렴. 아버지가 언제 네 곁을 떠나갈지는 아무도 모르는 거란다."

할머니의 말을 듣자 나는 갑자기 숨이 탁 막혔다. 예전에는 단 한 번도 아버지를 잃어버릴지 모른다는 생각을 해보지 않았기 때문이다. 그 뒤로도 할머니의 말을 결코 잊을 수가 없었다.

"아버지가 언제 네 곁을 떠나갈지는 아무도 모르는 거란다."

그날 이후부터 나는 우리 가족의 규칙을 의식하며 신경을 썼다. 우리 집에서는 결코 화난 채로 잠자리에 들거나 화난 채로 집을 나가면 안 된다는 규칙이 있었다. 혹시나 문제가 생기면 식구들이 다 같이 해결해나가기로 합의했기 때문이었다. 문제에 대해 말하기 전에 한숨 돌리겠다고 말하고 혼자 화를 삭이는 것은 괜찮지만, 어쨌든 집을 나서거나 취침인사를 할 때에는 집에 있는 모든 가족에게 반드시 애정표현을 해야만 했다.

가족이란 가장 가깝고 편한 존재이기 때문에 어쩌면 가장 신경 쓰지 않고 막 대하게 되는 존재이기도 하다. 사회생활을 할 때에는 대부분의 사람들이 평판을 신경 쓰게 되므로 한 겹 이상의 가면을 쓰게 마련이다. 따라서 원래의 모습보다 한 번씩은 더 웃게 되고, 한 뼘씩은 더 친절해지는 것이 보통이다.

하지만 가족과 함께 있을 때는 다르다. 가족들끼리는 평판에 신경 쓸 일도 없고, 혹 관계가 틀어지더라도 회복하는 일이 상대적으로 더 쉽기 때문에 큰 고민 없이 생각나는 말을 던지거나 튀어나오는 짜증을 그대로 부리게 된다. 그래서일까. 가장 큰 마음의 상처를 입히는 대상도 바로 가족인 경우가 많다.

《성공하는 결혼, 실패하는 결혼 Why Marriages Succeed or Fail》에서 심리학자 존 가트맨은 획기적인 연구결과에 대해 이렇게 설명한다.

우리는 부부들이 싸움을 하느라 허비한 시간의 양과, 쓰다듬고 미소 짓고 칭찬하고 웃는 등 긍정적인 교류를 하면서 보낸 시간의 양을 신중하게 도표로 만들어보았다. 전반적으로 안정적인 결혼생활은 긍정적인 것과 부정적인 것이 특정한 비율로 구성되어 있다는 사실을 밝혀냈다. 수백 쌍의 부부를 연구하면서 밝혀낸 비율은 5:1이었다. 우리가 알아낸 바로는 부부 사이에 존재하는 감정과 서로 간의 교류에 긍정적인 면이 부정적인 면보다 다섯 배가 많으면 결혼생활이 안정되는 것 같다.

부부에 관한 세 가지 연구에서 가트맨은 어떤 결혼생활이 결국 실패하거나 성공할지 예측할 수 있었다. 5:1이라는 비율은 예측변수였는데 정확성은 평균 90퍼센트에 달했다.

가족들끼리도 '감정 지키기 원칙'이 필요하다

나는 부정적인 감정이 전혀 없는 청정한 가정을 가꾸려면 어떻게 해야 하느냐는 질문을 종종 받는다. 그러면 가족 간에 원칙을 만들어야 하는데 그 전에 가족끼리 나름대로 변화의 과정을 겪어야만 한다고 말한다.

먼저 각각의 가족구성원들이 스스로 감정공격을 퍼붓지 않도록 개인적인 노력을 기울여야 한다. 가족들 서로에게 상처를 주지 않아야 하는 이유에 대해 공감하고, 이러한 노력이 왜 필요한지 교감할 수 있어야 한다.

그 다음에는 특정한 언어를 공유하는 것이 좋다. 예를 들어 "난 감정공격자가 되지 않겠어" "그렇게 하면 쓰레기차와 뭐가 다르지?"라는 말에서 나타나는 것처럼 '감정공격자' '쓰레기차'와 같이 가족끼리만 공유하는 단어를 만들어 함께 쓰는 것이다. 자연히 가족들끼리 결속력이 좋아질 것이다.

만에 하나 냉기가 흐르는 분위기로 흘러간다 해도 "이제 그만. 다들 쓰레기를 던지고 있잖아"라고 말하게 되면 틀림없이 가족들은 잠시 하던 얘기를 멈추고 자신의 행동을 되돌아볼 것이다. '내가 지금 쓰레기차처럼 행동하는 게 아닐까?'라는 질문을 떠올리는 것만으로도 자칫 부정적인 방향으로 진행될 대화의 흐름을 차단하고 건강한 대화에 활기를 불어넣어 준다.

이렇게 가족들의 변화가 시작됐다면 이제 본격적으로 감정 지키기 원칙을 만들어보자. 가족끼리 반드시 지킬 원칙을 만든다는 것이 언뜻 쉬운 이야기로 들릴지 모른다. 하지만 원칙이란 만드는 것보다 지켜가는 것이 더 중요하다는 점을 기억할 필요가 있다. 가족 모두가 한결같이 원칙을 지키도록 하려면 애초 원칙을 만드는 과정부터 전략적으로 진행해나가야 한다.

맨 먼저 가족들이 모두 모여 서로의 마음을 할퀴지 않기 위해 지켜야 한다고 생각하는 최저선의 규칙을 적어본다. 이때 스스로 지킬 자신이 없는 원칙은 적지 않도록 하며, 너무 지엽적이거나 혹은 추상적인 구호보다는 뜻이 명확하고 구체적인 구호로 정리해야 한다. 이를테면 이런 것이다.

- 아침식사는 반드시 함께하며, 집을 나가거나 들어올 때에는 모든 가족과 인사를 나눠야 한다.
- 가족 누군가에게 머리끝까지 화가 났을 때에는 대화를 하는 대신 편지를 써서 기분을 전달한다.
- 나쁜 기분을 안고 귀가할 때에는 대문에 달아놓은 스마일 그림을 보고 반드시 한 번씩 웃고 들어온다.
- 불쾌하거나 기분 나쁜 이슈로 대화를 해야 할 경우에는 반드시 손을 잡고 이야기한다.
- 좋은 소식을 가지고 귀가한 가족에게는 다음 날 모두가 선물을 해준다.
- 한 달에 한 번, 온 가족이 가까운 호숫가로 캠핑을 가거나 등산을 간다.

살다 보면 좋은 일보다는 슬픈 일, 우울한 일, 화나는 일, 짜증나는 일이 훨씬 더 많다. 어쩌면 가족이란 이러한 온갖 나쁜 일로 인해 생긴 감정의 찌꺼기를 정화시켜주는 존재일지도 모른다. 그러나 그 정화의 과정에서 다른 가족에게 내 나쁜 감정을 전염시킨다면, 안락한 가정은 어느새 악취 나는 하수구처럼 변해버릴 수도 있다.

당장 내 옆에서 그 존재가 사라졌을 때 가장 큰 상실감을 느끼게 되는 대상이 가족 말고 또 누가 있을까? 세상에서 가장 소중한 존재인 가족에게는 내가 가진 최상의 감정만을 전해주어도 모자랄텐데, 우리는 그들에게 사랑을 선물하기는커녕 매일 증오와 짜증만을 던져대고 있다. 나중에 얼마나 큰 후회를 하려고 이러는 건지!

가족들끼리 서로의 가장 좋은 면을 칭찬하는 데 집중하자. 서로의 성취나 좋은 소식을 축하해주며 사랑으로 서로의 빈 곳을 채워준다면 폭군 같은 행동을 할 이유가 없다. 토론과 논쟁을 할 시간은 넘치지만 헐뜯고 모욕할 시간은 없는 법이다.

당장 오늘부터라도 우리 가족만의 감정 지키기 원칙을 만들어 보자. 어떤 원칙을 정할까 서로 의견을 나누는 과정만으로도 소통지수가 크게 올라간다. 평소 상대가 나에 대해 그리고 우리 가족에 대해 어떠한 생각을 가지고 있었는지, 아마 전혀 몰랐던 점을 많이 발견할 수 있을 것이다.

이렇게 정해진 원칙은 정성껏 적어서 가족 모두가 잘 보이는 곳에 걸어두자. 절대 잊지 않도록. 아마 오래지 않아 큰 소리가 끊이지 않던 가정에서조차 큰 웃음이 끊이지 않게 될 것이다.

감정 지키기 연습19 　가족끼리 다 함께 감정 지키기 원칙을 만들어라

1. 현재 행복하다고 느끼는 가정이라면 예방 차원에서, 불행하다고 느끼는 가정이라면 치유 차원에서 '감정 지키기 원칙'을 만들어보자. 먼저 온 가족이 모여 평소 우리 가족에게 부족했던 것이 무엇인지 진솔한 대화를 나누어보고 이를 바탕으로 어떤 룰을 만들지 정해보자. 이때 룰은 구체적이면서 반드시 실천 가능한 것이어야 한다.
2. 정해진 룰을 열심히 지켜가되, 생각보다 지키기 어렵다는 판단이 드는 룰이 있으면 시행착오라 여기고 대화를 통해 조금씩 고쳐가라.
3. 룰을 어기는 가족에게 부여할 벌칙을 미리 정해놓아라. 벌칙은 '일주일간 집에 일찍 들어오기' '사흘간 설거지하기'와 같이 구체적이면서도 지키기 어렵지 않아야 하며, 가족에게 좋은 일이 될 수 있는 것이어야 한다.
4. 이 모든 원칙과 별도로 식구들 각자에게 좋은 소식이 없는지 유심히 살펴보자. 좋은 소식이 들리면 적절한 시기에 열정적으로 칭찬해주자.

3초 법칙 활용법

가족구성원 중 누군가 때문에 화가 나거나 짜증이 날 때마다 3초간 '가족끼리의 감정 지키기 원칙'을 떠올려라. 교통법규와 마찬가지로 이 역시 반드시 지켜야 하는 룰임을 기억하라.

혼자서는 행복해질 수 없다

02 직장에서도 행복하고 싶어요

메시지를 전파하라

여러분이 매일 얼마나 많은 사람들과 교류하는지 생각해보자. 얼마나 많은 사람들과 함께 일하는가? 얼마나 많은 사람들이 여러분의 사무실을 지나가는가? 얼마나 많은 고객을 가게로 맞이하는가? 얼마나 많은 사람을 방문하는가? 얼마나 많은 회의에 참석하는가? 얼마나 많은 고객을 도와주는가? 얼마나 많은 이메일을 주고받는가? 얼마나 많은 통화를 하는가?

매일 여러분과 접촉하는 사람들을 모두 떠올려보라. 만약 여러분이 부정적인 감정을 주지도 받지도 않겠다고 선포하고 이를 지켜나간다면 여러분은 수없이 많은 사람들에게 긍정적인 영향을 미칠 수 있을 것이다. 정말 놀랍지 않은가?

감정은 널리널리 전염된다

A와 B가 나눈 교류가 C에게 영향을 미치는 식으로 점점 여파가 퍼져 나간다고 하는 '행동파급 효과'를 믿는다면 우리가 선택한 행동방식에 대해 엄청난 책임감을 느껴야 한다는 사실을 이해할 것이다. 과학자들은 이런 파급 효과를 '정서적 전염'이라고 부른다.

심리학자 일레인 해트필드Elaine Hatfield, 존 카시오포John Cacioppo, 리처드 랩슨Richard Rapson은 자신들의 저서 《정서적 전염Emotional Contagion》에서 설득력 있는 증거 세 가지를 제시하였다.

- 사람들은 남을 흉내 내는 경향이 있다.
- 정서적 경험은 정서적 피드백의 영향을 받는다.
- 사람들은 남의 정서에 그대로 '감염' 되는 경향이 있다.

이들은 사람들이 감정으로 우리를 감화하며, 우리도 다른 사람을 감정으로 감화한다고 주장한다. 사회적 전염을 연구한 사회학자이자 의사인 니콜라스 크리스타키스Nicholas Christakis와 정치학자인 제임스 파울러James Fowler의 주장은 훨씬 더 구체적이다. 그들은 우리의 행동이 우리에게서 3단계 떨어진 사람들한테까지 영향을 미친다고 말한다. 이들은 우리의 모든 행동이나 말이 인맥을 통해 전파되는 현상을 일컬어 '3단계 영향의 법칙'이라고 부른다. 매일 교류하는 사람의 수를 곰곰이 생각해보면 여러분은 매일 수천 명의 사람이 겪는 경험을 변화시킬 힘을 가지고 있는 셈이다. 《행복은 전염된다 Connected》에서 크리스타키스와 파울러는 이렇게 설명한다.

> 영향력을 3단계에 국한한다고 해도, 우리가 남에게 미치는 영향력의 크기는 실로 대단하다. … (중략) … 예를 들어 당신이 친구 다섯 명, 동료 다섯 명, 가족 열 명과 교류하고 있으며, 그 사람들 각자가 친구나 가족으로 구성된 인맥이 스무 명쯤 된다고 가정해보자. … (중략) … 즉 2단계로 넘어가면 당신은 간접적으로 400명의 사람들과 연결된 셈이다. 당신의 영향력은 거기서 멈추지 않는다. 한 단계 더 나아가서 그 사람들 모두가 스무 명의 인맥이 있다고 생각하면 당신에게서 3단계만 분리되더라도 모두 20 X 20 X 20명 또는 800명의 인맥이 형성된다.

우리가 서로 얼마나 긴밀하게 연결되어 있는지 깨달을 수 있을 것이다. 이는 곧 내가 조금만 잘못해도 그 잘못의 영향이 수많은 사람들에게 퍼져 나갈 것을 의미하는 것이다.

책임감을 가져야 한다. 부정적인 에너지를 퍼뜨리는 게 얼마나 큰 잘못인지 깨닫고, 긍정적인 에너지를 퍼뜨리는 매개체가 되어야 한다. 직장에서는 무례한 태도만으로도 재앙을 불러올 수 있다. 그것이 직장의 생산성에 얼마나 큰 타격을 입히는지 고려한다면 여러분은 더욱 더 부정적인 감정을 사그라들게 하기 위해 최선을 다할 것이다.

부정적인 에너자이저가 더 문제

경영학 교수인 크리스틴 피어슨Christine Pearson과 크리스틴 포라스Christine Porath의 공동 저작 《나쁜 행동의 대가The Cost of Bad Behavior》에 따르면 96퍼센트의 사람들이 직장에서 무례한 행동을 경험하고, 80퍼센트의 사람들이 무례한 행동이 문제라 생각하며, 60퍼센트의 사람들이 직장에서 경험한 무례한 행동으로 인해 스트레스를 받는다. 또한 48퍼센트의 사람들이 적어도 일주일에 한 번씩 무례한 취급을 당하고, 75퍼센트의 직원들이 무례한 행동을 처리하는 회사의 방식에 불만을 품는다. 설상가상으로 94퍼센트의 직원이 무례를 범한 사람에게 보복을 하며, 88퍼센트의 직원이 무례를 범한 조직에게 앙갚음을 한다고 한다. 무례한 행동으로 인해 집중력이 흩어지고, 그 결과 생산력이 떨어지는 것이다. 피어슨과 포라스는 무례한 행동으로 인한 경제적 부담을 이렇게 지적한다.

무례한 행동으로 인해 치르는 대가 가운데 측정할 수 있는 것만 계산하더라도 그 양이 상당하다. 예를 들어 업무스트레스로 인한 미국

기업의 손해는 연간 3,000억 달러에 달하며, 이중 상당부분은 직장에서 범한 무례한 행동에 기인한다고 알려져 있다.

더욱이 무례한 일을 당한 사람들의 94퍼센트는 자신의 부정적인 경험을 다른 사람에게 이야기한다. 〈직장에서 부딪히는 무례한 행동을 평가하고 이에 대처하기 Assessing and Attacking Workplace Uncivility〉라는 논문에서 피어슨과 포라스는 동료연구원인 린 앤더슨 Lynne Anderson과 함께 '무례한 사건을 간과할 경우 행위의 대상은 고통을 받고 행위의 선동자는 번성하며 회사는 존속하지 못한다'는 결론을 내렸다. 간단히 말해 무례한 행동은 직장에서 부정적 에너지가 넘치게 만드는 강력한 원인제공자인 셈이다.

미시간대학의 심리학자이자 긍정조직학센터의 공동창립자인 킴 캐머런 Kim Cameron 역시 《긍정에너지 경영 Positive Leadership》에서 '부정적인 에너자이저'가 조직에 미치는 해로운 영향에 관해 연구한 후 다음과 같이 말했다.

부정적인 에너자이저는 다른 사람의 좋은 감정과 열정을 격감시키며 강점을 무너뜨려서 사람들을 약하게 만든다. 결국 다른 사람이 기진맥진한 느낌, 스스로가 왜소해진 것 같은 기분만을 느끼게 만든다. 부정적인 에너자이저는 비판적이고 이기적이고 융통성이 없으며 신용하기 힘든 사람으로 알려져 있다.

더 나은 삶에 대한 기대를 품다

그렇다면 문제는 바로 이렇다. 어떻게 하면 감정공격자들의 커다란 영향력으로부터 지속적으로 벗어날 수 있을까? 내가 부정적인 감정을 단호히 거부한다는 것을 회사동료들에게 어떻게 알릴 것인가? 내가 금과옥조로 삼고 있는 이 감정에 관한 메시지를 어떻게 직장에 퍼뜨릴 것인가?

이 물음들에 대해 해답을 줄 수 있는 사람이 한 명 있다. 바로 장애신청서를 처리하고 장애사례를 관리하는 일을 하고 있는 쿠퍼가 그 주인공이다. 쿠퍼는 나의 세미나에 참가한 후 직장에 부정적인 감정이 흐르지 못하도록 하겠다고 다짐하고, 스스로 그 일을 주도해나갔다.

당시 그녀는 어느 고객과 의사소통하는 것을 무척 힘들어했다. 고객이 그녀에게 그렇게 대단한 요구를 한 것은 아니지만 깔보고 멸시하는 듯한 태도가 문제였다. 그녀는 고객이 뭐라고 하든 항상 도움을 주려고 애쓰긴 했으나 매번 그 고객을 상대하고 나면 기분이 나빠지는 것을 어쩔 수 없었다.

하지만 나의 세미나에 참가하고 난 후에는 고객의 전화를 받을 때마다 마음속으로 웃어보자고 결심을 했다고 한다. 그리고 항상 이렇게 말했다.

"좋아, 쓰레기차 한 대가 내 앞길을 가로막는 게 보이는군."

그녀 혼자만 아는 농담인 셈이었다. 어쨌거나 그렇게 이야기를 내뱉고 나면 굳이 자신의 태도에 주의를 기울이지 않고도 고객의 요구를 들어주기가 훨씬 쉬워졌다. 생각을 달리한 순간 모든 것이 달려졌던 것이다.

바로 그때부터 그녀는 동료들과 쓰레기차 이야기와 함께 3초 법칙을 공유하기 시작했다. 내가 그녀에게 들려주었던 택시운전기사 이야기를 동료들에게 이메일로 보내주자 답장을 몇 통 받기도 했다. 생각보다 반응이 좋았다. 동료들 대부분이 흥미를 보이며 공감을 표했던 것이다.

용기를 얻은 그녀는 상사에게도 이 이야기를 DVD에 담아 보내주었다. 상사 역시도 DVD를 본 후 부정적인 감정이 오가지 않도록 하기 위한 지침들에 큰 감명을 받았다.

이후 그녀의 직장에서는 한 달에 몇 번씩이나 감정조절에 관한 이야기와 쓰레기차 이야기, 3초 법칙이 대화의 주제로 떠올랐다. 그들은 각자가 겪고 있는 어려운 상황을 토로하면서 이러한 상황이야말로 어쩌면 감정 지키기 연습을 하는 데 필요한 완벽한 조건일지 모른다고 서로를 북돋아 주었다.

더 나은 삶에 대한 기대에 부푼 이들은 이제 기분 나쁜 전화를 받고 나면 이렇게 말했다.

"3초 법칙을 실행할 기회가 또 찾아왔네."

그러다 보니 기분 나쁜 전화를 받는 것이 오히려 퀴즈를 풀거나 운동을 하는 것처럼 일상의 소소한 즐거움 중 하나가 되었다.

쿠퍼의 부서에서 맡고 있는 업무는 겁먹고 아프고 화나고 자기 인생의 일부를 앗아가려는 예기치 않은 위험에 직면한 사람들을 상대하는 일일 때가 많다. 자연히 일부 고객들은 개인적인 분노를 쏟아놓기도 하는데 그럴 때마다 그들이 던지는 부정적인 감정을 무시해버리는 연습을 할 기회가 상당히 많아졌다고 이야기한다. 게다가 사무실에서는 서로에게 도움을 주기는 하되, 자신의 부정적인 감정을 다른 이에게 투기해서는 안 된다는 암묵적인 합의가 이루어지게 되었다.

쿠퍼의 이야기를 듣고 나니 직장 내에서 서로의 감정을 존중하고 지켜나가자는 메시지를 일단 공포하게 되면 누구나 사려 깊고 공손하고 정당하게 의사소통하리라는, 아니 적어도 그러기 위해 애쓸 것이라는 믿음이 생기지 않은가.

메시지를 전파하는
간단하고 효과적인 방법

불만을 표현하는 것은 자연스러운 일이다. 이것이 나쁜 행동으로 이어진다거나 동료, 고객, 상사에게 불평을 쏟아내는 방향으로 발전하지만 않는다면 불만은 심지어 생산적인 일이 되기도 한다. 따라서 스스로 감정의 폭군이 되지 않으면서도 자신의 걱정거리를 남들과 공유할 줄 아는 지혜가 필요하다.

야후의 고객관리부 이사를 거쳐 교육개발부 이사로 근무하면서 나는 남에게 알려주고 싶을 정도로 마음에 드는 책이 생기면 사무실의 내 책상 위에 올려두곤 했다. 책이 정말 마음에 들면 그 책에 대해 물어보는 사람에게 책을 빌려주거나 그냥 선물하는 경우도 많았다. 보통 그런 책은 내가 주도하는 계획이나 전달하고 싶은 메시지와 관련이 있는 것이었다.

가끔은 책을 공유함으로써 내가 원하는 메시지를 전하기가 더 쉬울 때도 있다. 한번 해보라. 긴 시간 동안 공들여 설득하는 것보다 조용히 건넨 한 권의 책이 전해주는 메시지가 분명 상대를 움직이는 데 더 큰 효과가 있다고 자신한다. 나 역시 독자적으로 일을 하면서도 책을 추천하는 일만큼은 그만두지 않았고, 이는 그간 나름대로 큰 성과를 이루는 데 도움이 되었다.

지금까지의 내용을 읽으며 느꼈겠지만 일터를 부정적인 감정의 온상으로부터 구해내기 위해 우리가 해야 할 일이 아주 많은 것은 아니다. 내 감정을 지켜내는 일이 왜, 얼마나 중요한지에 대해서는 누구나 공감할 것이므로 지인들과 이러한 이야기를 공유하기란 그리 어려운 일이 아니기 때문이다.

먼저 이야기를 꺼내보라. 그게 힘들다면 여러분의 책상에 이 책을 한 권 올려두고, 무슨 일이 벌어지는지 살펴보라.

감정 지키기 연습20 메시지를 널리널리 전파하라

1. 우리들 개개인은 타인에게 큰 영향력을 끼칠 수 있는 능력을 가진 사람이다. 부정적인 감정이 지배하는 공간을 더 이상 견딜 수 없다면 과감히 긍정적인 영향을 끼치겠다고 선언하고 이를 실행에 옮겨라.
2. 가장 좋은 방법은 이메일을 통해 쓰레기차 이야기를 들려주는 것이다. 전 세계의 수많은 사람들이 이 이야기를 듣고 감화를 받아왔다. 아마 여러분이 이 이야기를 들려주면 사람들은 생각보다 큰 호응을 보여줄 것이다. 이후 자연스러운 자리에서 이에 관한 이야기를 나눠라.
3. 이메일을 보내기가 쑥스럽다면 이 책 혹은 이 이야기가 담긴 글을 다른 작은 선물과 함께 포장하여 적당한 날에 자연스럽게 선물하라. 사람들은 기뻐하며 선물을 받을 것이고, 또한 이 책의 메시지에 깊이 공감할 것이다.

3초 법칙 활용법

화가 날 때마다, 짜증이 치밀 때마다, 불만이 생길 때마다, 우울해질 때마다, 실망할 때마다 3초간 '내 감정 때문에 엉뚱한 타인이 다치는 건 아닐까?'를 한 번 더 생각하라. 내가 누군가로 인해 감정에 나빠졌듯 나 역시 누군가에게 그런 쓰레기차가 될 수 있다는 사실을 잊지 말지.

혼자서는 행복해질 수 없다

마치는 글

작가이자 연설가이자 세미나 진행자로 일하면서 나는 변화가 불가능하다고 주장하는 세계 각국의 사람들을 많이 만나보았다. 그들은 분노와 우울과 좌절이 없는 생활이란 자신의 능력을 벗어나는 너무 힘든 일이라고 말한다. 만약 여러분도 그렇게 생각한다면 다행히 여기 좋은 소식이 있다. 과학자들이 정반대의 생각을 진실이라고 증명한 것이다. 여러분은 변할 수 있다. 여러분은 지금보다 더 행복해질 수 있다.

심리학자 소냐 류보머스키는 켄 셸던Ken Sheldon, 데이비드 슈케이드David Schkade와 공동개발한 '지속 가능한 행복모델'에서 유전적 구성만으로 인간의 특징이 결정되지는 않는다고 입증했다. 즉 후천적인 노력으로도 행복을 결정지을 수 있다는 뜻이다. 류보머스키와 동료들은 '유전적 설정값의 차이는 행복수준의 50퍼센트만을 결정한다'는 사실을 알아냈다. 또한 '부유하든 가난하든, 건강하든 허약하든, 아름답든 평범하든, 결혼했든 이혼했든 관계없이 환경이나 조건의 차이는 행복수준의 10퍼센트밖에 좌우하지 못한다'는 사실도 밝혀냈다.

결과적으로 모두가 똑같은 유전자를 가지고 똑같은 생활환경에서 살아간다면 행복수준의 40퍼센트가 우리의 결정에 따라 달라진다는 이야기이다. 그리고 내가 믿듯이 여러분도 환경을 개선할 수 있다고 믿는다면 우리는 통제력을 거의 50퍼센트까지 끌어올릴 수도 있다. 정말 신나는 소식 아닌가?

세상에 완벽한 것은 있을 수 없다

살다 보면 자연히 감정을 자제하기 어려운 상황들이 많이 벌어진다. 느닷없이 문제가 발생하고 예상치 못한 상황이 펼쳐지며 이 책을 읽는 동안은 쉽고 논리적이며 합리적으로 보이는 것이 책을 덮고 나면 복잡하고 추상적이며 실행하기 힘든 것처럼 보이기도 한다.

그렇기 때문에 일견 당연해 보일 수도 있지만 반드시 염두에 두어야 할 사실이 있다. 바로 '세상에 완벽한 것은 있을 수 없다'는 사실이다. 이 진리는 아마도 여러분이 3초 법칙을 실천하는 데 어려움을 느낄 때 커다란 위안과 도움이 되어줄 것이다.

먼저 우리 인생에는 항상 감정공격자들이 존재한다는 것을 인정할 필요가 있다. 여러분은 좌절, 분노, 실망감 때문에 참기 힘든 행동을 하거나 모욕적인 말을 내뱉는 사람들과 끊임없이 마주치고 또 어울리게 될 것이다. 그중 누군가는 잠시 스쳐갈 테고 또 다른 누군가는 여러분의 주변에 머물겠지만 그것이 인생이다. 그러니 나쁠 것 없다. 그저 이 세상에 감정을 완벽하게 통제하는 사람이라든가 온갖 폭군들로부터 자유로운 사람은 없다는 사실을 기억하기만 하면 된다.

여러분은 그저 끊임없이 그들에게 행운을 빌어주면서 그들을 걸러내는 방법을 배우기만 하면 된다. 아무런 악의 없이 그들을 무시한 다음 본인 인생으로 돌아와 정말 중요한 문제에 집중하는 순간 여러분은 인생의 시험을 통과할 것이다. 이러한 시험은 언제나 여러분 인생에 도사리고 있겠지만 마음가짐과 노력만 있다면 훨씬 쉽게 시험을 통과할 수 있다.

또한 누구나 그렇듯 여러분 역시 불가피하게 감정공격자로 변하는 때가 있다는 사실을 인정해야 한다. 그 또한 인생이다. 힘든 시간을 보내거나 상대하기 어려운 사람들을 만나게 되면 아무리 마음 근육을 단단히 키우고 있어도 여전히 부정적인 반응을 보이게 될 때가 많다. 당연한 일이다. 내가 유독 못나서 혹은 쿨하지 못해서 그런 것이 아니다. 자책할 필요 없다.

문제는 그 다음이다. 이 책에서 배운 교훈을 모조리 잊어버린 듯한 기분이 들겠지만, 정말 잊은 것은 아니다. 그저 집중력을 잃어버리고 좌절했을 뿐이며, 좌절했다고 해서 반드시 실패한 것은 아니다.

핵심은 자신의 실수를 인정하는 것이다. 여러분은 폭군처럼 변했고, 누군가의 부정적인 감정을 받아서 남에게 퍼뜨렸다. 부정적인 감정은 생기게 마련이다! 다행히도 자제력을 발휘하고 변명하느라 시간을 낭비하지만 않는다면 무엇인가 조치를 취할 수 있음을 기억하자. 여러분이 던진 부정적인 말과 행동을 고스란히 받게 된 사람을 찾아가서 사과하라. 그런 다음 다시 시작할 용의가 있는지 물어보고, 여러분이 폭군이 되기 전에 하려고 생각했던 말을 들려주거나 행동을 보여주어라.

이런 주문을 잠시도 잊지 마라.

"내가 느끼는 좌절, 실망, 분노를 다른 사람에게 쏟아놓지 않겠다. 상대가 나의 부정적인 감정을 부담스러워하도록 만들지 않겠다. 나는 부정적인 감정을 투기하는 쓰레기차가 아니다."

부정적인 감정이 나의 관심을 결정하지 않도록 하라

19세기 스위스작가인 고트프리드 켈러Gottfried Keller는 "발전하려고 노력하지 않는다면 현 상태조차 유지할 수 없다"라고 말했다.

켈러는 우리가 세상을 살아가면서 '늘 옳은 일만 해야 한다'고 말하지 않았다. 그저 '발전하려고 노력해야 한다'고 말했을 뿐이다. 우리는 완벽하지 않더라도 다른 사람에게 친절할 수 있으며 행복할 수 있다는 뜻이다. 그의 생각은 과학적으로도 입증되었다.

《모나리자 미소의 법칙 Happiness》을 공동집필한 심리학자 에드 디너 Ed Diener와 로버트 비스워스 디너 Robert Biswas Diener는 사람이 행복해지고 성공하는 것은 '어디에 관심을 집중하고 어떻게 사건을 해석하며 어떤 기억을 떠올리는가'에 달렸다고 주장한다. 요약하면 두 사람의 연구를 통해 행복한 사람은 긍정적인 것을 찾고 관심, 이도저도 아닌 사건을 긍정적으로 생각하면서 불행에서 발전의 실마리를 발견하고 해석, 비교적 가치 있는 기억을 떠올린다 기억는 사실이 증명되었다.

이것이야말로 내가 여러분에게 궁극적으로 하고 싶은 말이다. 바꿔 말하면 부정적인 감정이 나의 관심, 해석, 기억을 결정하지 않도록 해야 한다는 것이다.

이 책을 시작하면서 여러분은 두 가지 테스트를 했다. 하나는 '당신은 타인의 분노, 화, 짜증에 얼마나 휘둘리는가?'에 관한 것이었고, 다른 하나는 '당신은 타인에게 분노, 화, 짜증을 얼마나 쏟아내는가?'에 관한 것이었다. 이 두 가지 테스트를 통해 여러분은 그동안 자신이 얼마나 남의 부정적인 감정에 휘둘려왔는지 또 얼마나 남에게 나의 부정적인 감정을 감염시켰는지 분명히 이해했을 것이다. 그리고 그 과정에서 오히려 좌절하거나 심한 부끄러움을 느꼈을지도 모른다.

하지만 사실 그 테스트의 목적은 여러분에게 충격을 줌으로써 여러분이 완벽한 점수를 얻도록 돕기 위한 것이 아니라 언제 부정적인 감정에 더 휘둘리는지 스스로 파악하는 것을 돕기 위한 것이었다. 그 테스트들을 통해 '아, 내가 이럴 때 이런 식으로 나오는구나'라는 것을 스스로 깨달을 수 있기 때문이다. 깨달음이 생기고 나면 앞으로 비슷한 상황을 또 다시 맞았을 때 이 테스트를 떠올리며 잠시 멈칫하게 될 것이다. 그 잠시 잠깐의 멈춤이 여러분의 이성을 되살려주고 마음가짐을 새롭게 만들어줄 것이며, 무엇보다 3초 법칙을 실행하도록 도와줄 것이다.

더 큰 변화는 가능하다

나는 35개국 이상을 여행하고 그곳에서 연구하며 일했다. 100여 개국 이상의 대표자들이 참가한 국제회의에서 연설을 하고 세미나를 개최했다. 아내와 두 딸을 데리고 여러 나라를 여행하기도 했다. 그런 경험을 통해 국적이나 신념에 관계없이 누구나 부정적인 감정을 무시함으로써 얼마나 강해질 수 있는지를 두 눈으로 직접 보았다. 사람들은 부정적인 감정 주고받기를 단호히 거부할 때 훨씬 더 친절하고 너그러워졌으며 무엇보다 행복해했다.

부정적인 감정의 순환고리를 끊는다면 매일 혜택을 경험할 것이다. 한때 여러분을 괴롭히던 것들이 더 이상은 아무렇지도 않아질 것이다. 억누를 수 없는 분노와 숨길 수 없는 절망이 예전처럼 여러분의 마음을 부담스럽게 만들지도 않을 것이다. 그리하여 여러분의 인생에서 가장 소중한 사람들, 부모, 형제, 연인, 배우자, 자녀에게 더욱 집중할 수 있게 될 것이다.

부정적인 감정을 무시할 때마다 여러분은 여러분의 인생을 마음대로 좌우하는, 그야말로 인생의 주인이 된다. 또한 다른 사람에게 부정적인 감정을 쏟아내지 않겠다고 선언한 그 순간부터 여러분은 세상을 변화시키는 데 동참한 것이다.

거의 매일 나는 3초 법칙을 통해 감정 지키기 연습을 해온 덕분에 자신 인생의 온전한 주인으로 행세하게 되었다는 사람들의 메시지를 받는다. 기업이나 여러 단체에서도 조직적으로 이러한 메시지를 전파하고 조직원들에게 교육을 펼친 끝에 회사가 얼마나 발전했는지 알려준다. 그런 이야기를 읽을 때마다 큰 기쁨과 함께 큰 영감을 받게 된다. 그 영감이란 다른 것이 아니라 바로 다음과 같이 분명한 깨달음이다.

> 여러분에게는 인생을 변화시킬 힘이 있다. 그리고 조직을 변화시킬 힘이 있다.
> 조금도 어려운 일이 아니며 전혀 복잡하지 않다.

그저 우리의 인생을 더 훌륭하게 만들고 세상을 더 아름다운 곳으로 만들 간단한 룰만 기억하면 된다.

여러분은 무엇을 해야 하는지 알고 있다.

이제 알고 있는 대로 실천하기 시작하면 된다. 그리고 소중한 사람들에게 알려주면 된다.

여러분은 말할 수 없이 크나큰 행복을 느끼게 될 것이다.

참고문헌

1장_ 화내고 짜증 부리고 괴롭히는 사람들을 웃으며 무시하는 법

● 리처드 라자러스와 수잔 포크만은 일상에서 겪는 번거로운 문제가 어떤 식으로 영향력을 발휘하여 우리의 행복과 건강을 파괴하는지 입증한다.
Lazarus, R. S., and S. Folkman. *Stress, Appraisal, and Coping*. (New York: Springer, 1984)
--. 《스트레스와 평가 그리고 대처》, 김정희 옮김(대광문화사, 2001)

● 로버트 새폴스키는 불필요한 스트레스가 우리의 생활에 해로운 영향을 준다는 사실을 입증한다.
Sapolsky, R. M. *Why Zebras Don't Get Ulcers*. (New York: Holt, 2004)
--. 《스트레스》, 이지윤, 이재담 옮김(사이언스북스, 2008)

● 비범한 인간이자 지도자인 넬슨 만델라에 관한 이야기를 언급해두었다.
Mandela, N. *The Long Walk to Freedom: The Autobiography of Nelson Mandela*. (New York: Back Bay Books, 1995)
--. 《자유를 향한 머나먼 길》, 김대중 옮김(두레, 2006)

2장_ 무거운 마음을 가뿐히 들어올리려면

● 로이 바우마이스터 교수와 동료들의 주장에 따르면 사람들은 애써 노력하지 않을 경우 좋은 일보다 나쁜 일에 더 깊이 영향을 받는다고 한다.
Baumeister, R. F., E. Bratslavsky, C. Finkenauer, and K. D. Vohs. "Bad is stronger than good" *Review of General Psychology* (vol. 5, 2001): 323-70.

● 대니얼 길버트는 연구를 통해 어떻게 우리의 기억이 완전하지 않으며 미래의 행복 예측이 틀리는지를 입증한다.
Gilbert, D. *Stumbling on Happiness*. (New York: Knopf, 2006)
--. 《행복에 걸려 비틀거리다》, 서은국 옮김(김영사, 2006)

● 브루스 페리는 우리의 뇌가 종종 허위 경보를 흘려보낸다는 사실을 상기시켜준다. 그러므로 허위 경보를 전달받을 때마다 매번 싸움을 하거나 피난을 갈 필요는 없다.
Perry, B. D. "The Memories of States: How the Brain Stores and Retrieves Traumatic Experience." In *Splintered Reflections: Images of the Body in Trauma*, ed. J. M. Goodwin and R. Attias, 9?38. New York: Basic Books, 1999.

● 조나단 하이트는 우리가 주의를 기울이지 않는다면 무의식이 삶을 더욱 지배할 것이라고 경고한다. 《행복의 가설》 1장의 '내 머릿속에 쳐들어온 생각'이라는 절에서 하이트는 사회심리학자 댄 웨그너의 주목할 만한 연구를 언급한다.
Haidt, J. *The Happiness Hypothesis: Finding Modern Truth in Ancient Wisdom*. (New York: Basic Books, 2006)
--. 《행복의 가설》, 권오열 옮김(물푸레, 2010)

● 카렌 라이비치와 앤드류 샤테는 유연성을 기르는 방법에 대해 연구에 기반을 둔 조언을 건넨다.
Reivich, K. and A. Shatte. *The Resilience Factor: 7 Keys to Finding Your Inner Strength and Overcoming Life's Hurdles*. (New York: Broadway Books, 2003)

● 긍정심리학의 창시자인 마틴 셀리그만은 비관주의란 결코 장점이 아니라 대체로 무거운 짐이라고 분명히 밝힌다.
Seligman, M.E.P. *Authentic Happiness: Using the New Positive Psychology to Realize Your Potential for Lasting Fulfillment*. (New York: Free Press, 2002)

――. 《긍정심리학》, 김인자 옮김(물푸레, 2009)

● 세상에 재키 로빈슨만큼 감정 지키기 원칙을 제대로 구현한 사람도 드물다. 이번 장에서 인용한 글은 모두 로빈슨의 자서전에서 발췌하였다.
Robinson, J. *I Never Had It Made: An Autobiography of Jackie Robinson*. (New York: HarperCollins, 1995)

● 줄리아 보엠과 소냐 류보머스키는 행복한 사람들이 어째서 일에서 성공을 거둘 확률이 더 많은지 입증하는 증거를 제시한다.
Boehm, J. K., and S. Lyubomirsky. "Does happiness lead to career success?" *Journal of Career Assessment* (vol. 16, 2008): 101–16.

● 엘리자베스 퀴블러 로스와 데이비드 케슬러는 슬픔에 잠긴 사람들을 위로하는 책을 집필했다.
Kübler-Ross, E. and D. Kessler. *On Grief and Grieving: Finding the Meaning of Grief Through the Five Stages of Loss*. (New York: Scribner, 2007)
――. 《상실수업》, 김소향 옮김(이레, 2007)

● 조지 보나노는 획기적인 연구를 통해 사람들이 상실로 고통 받은 후에 어떻게 다시 행복해지는지를 깨닫게 돕는다.
Bonanno, G. *The Spiritual Side of Sadness: What the New Science of Bereavement Tells Us About Life After Loss*. (New York: Basic Books, 2009)
――. 《슬픔 뒤에 오는 것들》, 박경선 옮김(초록물고기, 2010)

● 소냐 류보머스키는 우리가 더욱 행복해질 수 있도록 과학에 근거한 효과적인 조언을 제시한다.
Lyubomirsky, S. *The How of Happiness*. (New York: Penguin, 2008)
――. 《행복도 연습이 필요하다》, 오혜경 옮김(지식노마드, 2008)

3장_ 상처 주지 않고 살아가기

● 타라 갈로브스키와 에드워드 블랜차드는 도로 위에서 분노를 쏟아내게 만들고 그러한 위험한 행동으로 인해 다음 결과를 야기하는 여러 가지 중요 요인에 대해 논의한다.
Galovski, T. E., and E. B. Blanchard. "Road Rage: A domain for psychological intervention." *Journal of Aggression and Violent Behavior* (vol. 9, 2004): 105–27.

● 브래드 부시맨과 동료들은 살아가면서 겪은 부정적인 사건을 곰곰이 생각하다 보면 자신이 느낀 좌절을 다른 사람에게 전가하기 쉽다고 경고한다.
Bushman, B., A. Bonacci, W. Pederson, E. Vasquez, and N. Miller. "Chewing on it can chew you up: Effects of rumination on triggered displaced aggression." *Journal of Personality and Social Psychology* (vol. 88, No. 6, 2004): 969–83.

● 프레드 러스킨이 연구를 통해 내린 결론에 따르면, 우리는 다른 사람과 자신을 용서함으로써 더욱 더 행복해질 수 있다.
Luskin, F. *Forgive for Love*. (New York: HarperOne, 2009)

● 용서 연구 분야의 선구자인 에버렛 워딩턴은 다음 책에서 이론과 연구를 제시하였다.
Worthington, E. L. *Forgiveness and Reconciliation: Theory and Application*. (New York: Routledge, 2006)
--. 《용서와 화해》, 윤종석 옮김(한국기독학생회출판부, 2006)

● 소냐 류보머스키는 용서의 힘에 대한 추가 증거를 제시한다.
Lyubomirsky, S. *The How of Happiness*. (New York: Penguin, 2008)
--. 《행복도 연습이 필요하다》, 오혜경 옮김(지식노마드, 2008)

● 스티븐 포스트는 좋은 일을 하면 어떻게 우리가 지금보다 더욱 행복하고 건강해지

는지에 관해 연구를 통해 설득력 있게 입증한다.
Neimark, J. and S. Post. *Why Good Things Happen to Good People: How to Live a Longer, Healthier, Happier Life by the Simple Act of Giving*. (New York: Broadway Books, 2007)

● 조지 베일런트는 저서에서 믿음과 과학의 힘을 능숙하게 종합한다.
Vaillant, G. *Spiritual Evolution: A Scientific Defense of Faith*. (New York: Broadway Books, 2008)

● 바바라 프레드릭슨은 긍정적인 감정을 자주 경험하는 것이 일상에서 행복을 느끼고 성공을 거두는 데 어떤 식으로 공헌하는지 증명한다.
Fredrickson, B. L. *Positivity*. (New York: Crown, 2009)
――.《긍정의 발견》, 오혜경 옮김(21세기북스, 2009)

● 지난 25년을 통틀어 가장 유명한 CEO인 빌 조지는 성공적인 지도자가 되는 데 필요한 특성이 무엇인지 간략히 설명한다.
George, B. *Authentic Leadership*. (San Francisco: Jossey-Bass, 2003)
――.《진실의 리더십》, 정성묵 옮김(원원북스, 2004)

● 존 가트맨의 연구는 결혼생활을 개선하는 데 필요한 실질적인 지침을 마련했다.
DeClaire, J. and J. Gottman. *The Relationship Cure: A Five-Step Guide to Strengthening Your Marriage, Family, and Friendships*. (New York: Three Rivers Press, 2001)

4장_ 혼자서는 행복해질 수 없다

● 존 가트맨은 5:1의 긍정성 비율이야말로 성공적인 결혼에 대한 효과적인 예측변수라고 주장한다.

Gottman, J. *Why Marriages Succeed or Fail . . . And How You Can Make Yours Last.* (New York: Simon & Schuster, 1994)

● 일레인 해트필드, 존 카시오포, 리처드 랩슨은 우리가 어떻게 남의 감정에 "감염"되어 어떻게 남에게 감정을 전파하는지를 보여주는 설득력 있는 증거를 제시한다.
Hatfield, E., J. T. Cacioppo, and R. L. Rapson. *Emotional Contagion.* (Cambridge: Cambridge University Press, 1994)

● 니콜라스 크리스타키스와 제임스 파울러는 우리의 행동이 어떻게 멀리 떨어진 사람에게까지 영향을 미치는가를 분명히 보여준다.
Christakis, N. A. and J. H. Fowler. *Connected: The Surprising Power of Our Social Networks and How They Shape Our Lives.* (New York: Little, Brown, 2009)
——. 《행복은 전염된다》, 이충호 역(김영사, 2010)

● 크리스틴 피어슨과 크리스틴 포라스는 직장에서 예의를 길러야 한다고 강력하게 주장한다.
Pearson, C. and C. Porath. *The Cost of Bad Behavior: How Incivility Is Damaging Your Business and What to Do About It.* (New York: Portfolio, 2009)

● 크리스틴 피어슨과 린 앤더슨, 크리스틴 포라스는 무례한 행동이 직장에 미치는 파괴적인 영향에 대해 10년 이상 연구해왔다.
Pearson, C., L. Andersson, and C. Porath. "Assessing and attacking workplace incivility." *Organizational Dynamics* (vol. 29, no. 2, 2000): 123–37.

● 킴 캐머런은 유망한 분야인 긍정조직학의 연구 결과가 사업을 성공적으로 운영하는 데 얼마나 중요한지에 대해 설득력 있게 입증한다.
Cameron, K. *Positive Leadership: Strategies for Extraordinary Performance.*

(San Francisco: Berrett-Koehler, 2008)
--. 《긍정에너지 경영》, 김명언 옮김(지식노마드, 2008)

마치는 글

● 소냐 류보머스키는 셀던, 슈케이드와 함께 개발한 '지속가능한 행복모델'에 대해 설명한다.
Lyubomirsky, S. *The How of Happiness*. (New York: Penguin, 2008)

● 행복에 관한 저서에서 에드 디너와 로버트 비스워스 디너는 진정한 심리적 건강을 획득하는 방법에 관한 선구적인 연구를 하며 30년 이상을 바쳤다.
Diener, E. and R. Biswas-Diener. *Happiness: Unlocking the Mysteries of Psychological Wealth*. (New York: Wiley-Blackwell, 2008)
--. 《모나리자 미소의 법칙》, 오혜경 옮김(21세기북스, 2009)

3초간

2011년 5월 20일 초판 1쇄 발행
2017년 12월 11일 초판 15쇄 발행

지은이 | 데이비드 폴레이
옮긴이 | 신예경
발행인 | 이원주

발행처 | ㈜시공사
출판등록 | 1989년 5월 10일(제3-248호)
브랜드 | 알키

주소 | 서울시 서초구 사임당로 82(우편번호 06641)
전화 | 편집(02)2046-2896 · 마케팅(02)2046-2883
팩스 | 편집 · 마케팅(02)585-1755
홈페이지 | www.sigongsa.com

ISBN 978-89-527-6168-2   13320

본서의 내용을 무단 복제하는 것은 저작권법에 의해 금지되어 있습니다.
파본이나 잘못된 책을 구입한 서점에서 교환해 드립니다.

알키는 ㈜시공사의 브랜드입니다.